혁신교육과 마을교육의
도전과 전환

혁신교육과 마을교육의 도전과 전환

초판 1쇄 인쇄 2025년 9월 24일
초판 1쇄 발행 2025년 9월 30일

지은이 윤양수
펴낸이 김승희
펴낸곳 도서출판 살림터

기획 정광일
편집 이희연·송승호·조현주
디자인 유나의숲

인쇄·제본 (주)신화프린팅
종이 (주)명동지류

주소 서울 양천구 목동동로 293, 2215-1호
전화 02-3141-6553
팩스 02-3141-6555

출판등록 2008년 3월 18일 제313-1990-12호
이메일 gwang80@hanmail.net
블로그 http://blog.naver.com/dkffk1020
한국교육연구네트워크 https://www.kednetwork.or.kr

ISBN 979-11-5930-329-6(03370)

* 책값은 뒤표지에 있습니다.
* 잘못된 책은 바꾸어 드립니다.
* 이 책은 저작권법에 따라 보호를 받는 저작물이므로 무단 전재와 복제를 금합니다.

다시, 희망을 쓰다

혁신교육과 마을교육의 도전과 전환

윤양수 지음

살림터

추천의 글

민과 관, 그 사이에서 길을 묻다
혹은 변곡점에서 다시 쓰는 교육 서사

이혁규(청주교대 교수, 전 총장)

최근에 책에 추천사를 쓰는 일이 더 많아졌다. 추천사를 쓰면서 새로운 책을 읽고 접하는 즐거움을 얻을 수 있어서 좋다. 그런데 이번 추천사는 오랫동안 기억에 남을 것 같다. 왜냐하면 두 번 쓰는 추천사이기 때문이다.

지금부터 1년쯤 전인가, 윤양수 선생님이 새로 쓴 책에 대한 추천사를 부탁해 왔다. 평소 윤양수 선생님을 잘 알기 때문에 책 내용과 윤 선생님의 실천과 고뇌를 연상하면서 추천사를 적어 보냈다. 그런데 그 뒤 소식이 없었다. 나중에 알고 보니 출판사에서 최종적으로 책 출판이 거절되었다는 것이다. 이야기를 듣고 안타까운 생각이 들었다. 혁신교육과 마을교육이 침체기를 맞이한 지금, 윤양수 선생님의 문제의식이 오히려 더 많이 소통되어야 한다는 생각이 강했기 때문이다.

그러다 1년여가 지난 시점에 윤 선생님으로부터 다시 연락을 받았다. 원고의 대부분을 다시 써서 출판을 재추진하게 되었다는 것이다. 반가운 마음으로 읽어 보니, 그동안 거의 원고를 새롭게 써서 완전히 다른 책이 되어 있었다. 지난번 추천사에서도 언급했던 말이 있다. "저렇게 진지하고 집요하게 질문하는 사람이 있을까?!" 그 문장을 다시 떠올리며 읽는 즐거운 경험이었다.

이 추천사에서 책의 내용을 요약하거나 반복하지는 않겠다. 본문을 읽는 것만으로도 저자의 고민과 실천과 육성을 충분히 들을 수 있을 것이기 때문이다. 그리고 대부분의 내용에 깊이 공감하게 될 것이다. 그럼에도 불구하고 특별히 강조하고 싶은 것은, 이 책이 혁신교육과 마을교육이 후퇴하는 이 시점에, 새로운 전환을 이끄는 변곡점에서 다시금 생각할 수 있는 풍부한 질문과 문제의식을 제기하고 있다는 점이다.

개개인의 열정과 헌신을 넘어서는 제도의 안정화 문제, 관과 관의 협력을 넘어 관과 민의 협력을 실현할 수 있는 가능성에 대한 실천과 사유, 그리고 '혁신교육'이 '미래교육'이라는 텅 빈 기표로 휘발되어 가는 시대에 철학적이고 실천적인 새로운 교육 혁신을 제안하는 내용들은 모두 우리 교육계 전체가 귀담아들어야 할 메시지다. 그리고 그것은 마르지 않는 성장의 교육 서사를 함께 써 내려가는 공동체의 형성이며, 끊임없이 내부의 외부를, 외부의 내부를 사유하는 혁신의 정치를 동력화하는 일이 될 것이다.

책을 읽으면서 앞으로의 윤양수 선생님의 활약이 더욱 기대된다. 공무원스럽지 않고 공무원답게 살고 싶다는 다짐, 그리고 파트너들인 민(民) 또한 민스럽지 않고 민답게 협력하는 미래의 새로운 실천이 어떤 풍성한 교육 서사를 만들어 낼지 벌써부터 기대된다.

저자의 다른 책과 마찬가지로, 여기서도 윤 선생님의 풍부한 인문학적 소양으로부터 배우는 즐거움을 덤으로 얻을 수 있다. 그리고 과거에 비해 책이 더 쉽게 읽히는 것은, 저자가 소통적 대화 방식에 대해 오랫동안 고민해 온 결실이 아닐까 한다.

책의 결론 부분에서 저자가 꿈꾸었듯이, 이 책을 읽는 독자들 모두 진부한 관성의 되풀이를 넘어서, 인디언처럼 공기를 가르며 대지를 달리고, 앨리스처럼 호기심 가득한 눈으로 원더랜드의 모험을 즐기듯, 사유와 실천의 즐거움에 동참하는 감응을 얻으리라 확신한다.

여는 글

　변화를 주문하던 '혁신'은 진부한 기표가 되었고, '미래'라는 이름의 빈 기표들이 난무한다. 혁신교육과 관련한 담론 개진의 열기가 사라지고, 실험적이고 도전적인 실천도 소멸했다. 이렇듯 코로나19 시기는 '혁신'의 이음매가 어긋난 시간이었다. 코로나19가, 2023년 7월 서이초 사태가 학교 현장에 남긴 상처는 좀처럼 회복되지 않고, 새로운 실천으로 진화하는 서사가 등장하지 않는 상황이다. 혁신의 서사는 미완으로 끝난 것일까, 아니면 정책과 행정이 에듀테크와 AI 활용 교육으로 옮겨간 것일까.

　종래의 방식은 생기가 없고, '미래'는 여전히 모호한 상황이다. 이 같은 상황을 좀 더 견뎌야 하는 시기인지도 모르겠다. 그럼에도 '혁신'을 거론하지 않을 수 없다. '혁신'과 '미래'를 조합하거나 '혁신'을 '미래'로 대체하는 '기표 놀이'를 넘어 희망의 서사를 만들어 가는 '혁신의 정치'가 출현하기를 기다리는 까닭이다. 물론 어긋난 이음매가 쉽게 연결될 것 같지는 않다. 설령 이어가더라도 종래의 방식으로 지속하기는 어려울 것이다. 교육환경과 시대의 흐름이 달라진 만큼 수정이 불가피할 것이다.

혁신교육 10~15년이 되었다. 그동안의 실험과 도전은 제도 안에 '내재하는 외부'를 만들어 가려는 탈구성(deconstruction)의 기획이었다. 그동안의 방식은 교사들의 열정과 헌신에 기대는 방식이었다. 마을교육도 마찬가지다. 관(官)의 정책으로 민(民)을 불러냈고, 그들의 헌신과 노력에 기대는 방식이었다. 이 같은 방식이 지속 가능한 것일까. 소진과 혁신은 양립할 수 없다. 이후의 혁신교육과 마을교육은 그동안의 성과를 제도화하는 방식으로 전환해야 한다고 본다. 정책과 행정도 재정비해야 할 시점이다.

물론 제도가 혁신의 주체를 보증하는 것은 아니다. 즉 제도와 시스템이 바뀐다고 혁신의 주체가 등장하는 것은 아니다. 제도와 시스템은 필요조건일 뿐이다. 문화는 제도로 환원할 수 없는 영역이다. 교육 운영 방식, 수업 연구 방식, 생활교육 방식, 일하는 방식, 의사결정 방식 등 무엇인가를 하는 방식으로서의 문화는 제도와 다른 차원의 문제다. 그런 점에서 문화를 만들어 가는 주체의 문제를 간과하면 안 될 것이다. 제도와 주체는 영향을 주고받으며 달라지는 이중의 변환이 필요하다는 것이다.

인구 감소와 지역 소멸 위기가 심각하다. 출생 인구 감소로 초중고 폐교가 속출할 것이다. 이는 마을의 소멸로, 대학과 기업의 위기로 이어질 수 있다. 혁신교육과 마을교육은 '위기의 연쇄'에 대한 '대응의 연쇄'를 만들어 가는 끝개가 될 수 있다. 물론 지역경제와 일자리가 큰 변수라는 사실을 모르는 것은 아니다. 사회 문화적 환경의 변화와 개인들이 자기 삶을 설계하는 과정에서 저출생 현상이 나타난다는 점에서도 혁신교육과 마을교육으로 폐교와 지역 소멸 위기를 해결할 수 있다고 보는 것은 순진한 생각이다. 그럼에도 작은 변수 하나가 대응과 변화의 기점이 될 수 있다고 본다.

인구 감소와 지역 소멸 위기뿐일까. 기후 위기, 환경 오염, 자원 소진, 플라스틱 재앙 등 지구적 위기가 인간과 비인간을 위협하고 있다. 산업혁명 이후 인간 이외의 모든 것이 죽어가고 있다. 인류가 혹은 자본의 대행자들이 대멸종을 초래한 시대, 즉 '인류세' 혹은 '자본세'로 기록되는 파국은 피할 수 없는 것일까. 융복합 기술 빅뱅을 비롯한 사회 문화적 환경의 변화도 교육의 변화를 주문한다. 그런 맥락에서도 학생들이 행동하는 시민으로 성장하도록 돕는 일은 중요하다. 위기를 해결하고 '미래'를 만들어 갈 주역들이기 때문이다. 혁신교육과 마을교육을 새롭게 장전하고, 위기에 대한 '대응의 연쇄'를 만들어 가야 할 것이다. 이를 두고 기껏해야 일시적인 학령인구 분산이나 풍선 효과를 넘어서기 어려운 임시방편에 불과하다고 냉소할 일은 아닐 것이다.

코로나19 시기에 학교 현장은 일제식 수업으로 되돌아갔다. 교수(teaching) 편향의 한계를 넘어서려는 수업 실천은 위축될 수밖에 없었다. 이는 당연하게도 배움(learning)의 질을 떨어뜨리는 결과로 귀결했다. 그 여파일까. 최근의 공개 수업은 교사가 주도하는 '웰메이드(well-made)' 수업이 주류다. 흠잡을 데 없는, 완성도가 높은 수업임에도 개별 학생이 보이지 않았다. '웰메이드'는 학생의 학습 경험과 배움보다는 수업을 보는 이들을 겨냥하기 때문이나. 그러나 배움의 주체는 학생들이 아닌가.

공동체적 실천을 가동하기 어려운 상황이었기 때문일 것이다. 공동체적 실천의 체제를 다시 가동해야 한다. 동료들과 함께 지식과 경험, 생각과 의견을 나누며 혁신을 이어가야 할 것이다. 교사의 수업 전문성 혹은 수업 능력은 경력에 비례하지 않는다. 새로운 교육 이론, 과학기술의 성과 등이 교육환경의 변화를 동반하기 때문이다. 당연하게도 교사의 수업 전문성 혹은 수업 능력은 그대로 유지되지 않는다. 그런 맥락에서 수업 연구회는 교사의 수업 전문성 신장과 혁신교육의 질 점이 될 수 있다.

교사들의 고립과 개인주의는 혁신을 어렵게 한다. 우리는 공동체적 실천을 말하지만, 몸은 개인의 편안함과 익숙함에 끌린다. 학교 현장은 교사들의 개인주의 문화가 심화했고, 교실이 다시 닫혔다. 그렇게 개별화된 개인들은 혁신의 대열에 합류하지 못한다. 우울과 소진을 동반한 순응을 벗어나기도 어렵다. 용기와 유머를 장전하고, 다시 한번 희망의 서사를 이어가야 한다. 그간의 성과를 제도화한다고 그것이 마법의 열쇠는 아니다. 무언가를 준비하지 않고, 기다리기만 하면 바라는 것은 오지 않는다.

글을 쓰면서 생각했다. 책으로 낼 필요가 있을까. 익숙한 관념과 낡은 언어를 내던지고, 인디언처럼 자판의 대지를 내달리고 싶었다. 그러나 익숙한 관념이 깨져나가는 균열의 쾌감을 느끼지는 못했다. 대기에 떠도는 새로운 언어를 붙잡지 못했기 때문이다. 시야의 한계와 무지를 깨달으며 자판에서 손을 뗀다. 깃털처럼 가볍게! 그래야 다시 시작할 수 있으니까. 지금의 '나'를 떠나 또 다른 대지를 달릴 수 있으니까.

마무리하자면 '나'를 돌아보며 생각을 정리하는 시간이었다. 무엇을 하고 있는지, 어디로 향하고 있는지 묻는 작업이었던 셈이다. 부족한 대로 누군가에게 도움이 될 수 있기를 바란다. 바쁜 시간을 쪼개어 추천의 글을 써주신 이혁규 교수님께 깊이 감사드린다. 출판을 결정하고 진행해 주신 〈살림터〉 출판사 관계자들께도 감사드린다. 글을 읽고 한마디씩 해준 아내에게도 마음을 전하고 싶다. 각자의 거처에서 공동체적 실천으로 희망의 서사를 만들어 가는 모든 이들의 건투를 빈다. 미덕의 번영을!

차례

추천의 글 5
여는 글 8

1부 학교, 혁신의 재장전
1. 학교와 주차장   19
2. 에이전트와 에이전시   27
3. 실험과 도전, 뷰카 시대 혁신의 정치학   35
4. 혁신의 정치   43
5. 에듀테크와 교육   54
6. 교육의 디지털 전환과 그늘   61

2부 마을, 관객인가 파트너인가
1. 청소년 마을 배움터   71
2. 청소년 마을 배움터 사업의 과제   78
3. 아산 마을교육의 과제   86
4. 민은 관객인가, 파트너인가   93
5. 신뢰, 저 너머 어딘가에 있을까   100

3부 공동체적 실천과 성장

1. 이음매가 어긋난 시간 109
2. 수업 혁신의 방향 116
3. 자기주도학습과 학생 주도성 125
4. 공동체적 실천과 교사의 성장 133
5. 진리인가, 의견인가 140
6. 학습과 글쓰기, 희망의 거처 147

4부 제도적 기반 개선

1. 혁신교육의 제도화 157
2. 교장 임용 제도 개선 165
3. 교원 순환전보제 개선 173
4. 마을교육의 법제화 181
5. 지역 소멸 시대, 작은 학교와 마을의 대응 190

에필로그 인디언처럼, 앨리스처럼 199

1부
학교, 혁신의 재장전

인구 감소와 지역 소멸 위기가 심각하다. 학교, 마을, 대학의 소멸 위기는 기업으로, 국가 차원으로 이어진다. 혁신교육과 마을교육이 '위기의 연쇄'에 대한 '대응의 연쇄'를 만들어 가는 기점 혹은 끌개(attractor)가 될 수 있을까. 혁신교육과 마을교육으로 지역 소멸 위기를 해결할 수 있다고 보는 것은 순진한 생각이다. 그럼에도 학생들이 행동하는 시민으로 성장하도록 돕는 일은 중요하다. 미래를 만들어 갈 주역들이기 때문이다.

인구 감소와 지역 소멸 위기뿐일까. 기후 위기, 기술 빅뱅 등에 따른 사회적 환경과 패러다임의 변화는 교육의 변화를 동반한다. 교육을 계속 혁신해 가야 하는 이유가 거기에 있다. 그러나 소진(burnout)과 혁신은 양립할 수 없다. 교사 대중의 열정과 헌신에 기대는 방식은 더 이상 지속 가능하지 않다. 지속을 위해서는 제도적 기반도 마련해야 한다고 본다. 즉 혁신교육의 재장전은 그간의 성과를 제도화하는 방식으로 가야 한다.

1. 학교와 주차장

 주차난이 심각하다. 아파트는 세대 수에 비해 주차 공간이 부족해서 주차 전쟁이 벌어지는 경우가 다반사다. 주차 공간이 부족한 주택일수록 이중 주차, 보도 주차, 얌체 주차 등 무질서하게 주차한 차량을 흔히 볼 수 있다. 통행 방해, 안전 위협, 연락 불응, 이동 지연과 같은 불편을 자주 겪는다. 그로 인해 크고 작은 다툼이 생긴다. 주차장 내 차량 간 접촉 사고나 보행자 사고도 발생한다. 세대별 주차 대수 제한, 2대 이상 주차 시 주차비 부과 등으로 분쟁이 일어나기도 한다. 차량 손괴, 소방차와 구급차 등 긴급 차량 진입 방해 사례도 발생한다.

 사람들은 타인에게 주는 피해에 대해서는 둔감하고, 자신이 받는 피해에 대해서는 극도로 민감하다. 일상적으로 반복되는 주차난 속에서 그런 감각에 길든다. 주차 매너와 타인에 대한 배려를 기대하기 어렵다는 것이다. 아파트뿐만 아니다. 무단 점유, 불법 주정차, 주차 뺑소니 등 주차난은 도시 주민들의 골칫거리다. 어딜 가나 불편을 겪는 사회 문제가 된 것이다. 주차 공간이 부족한 만큼 운전자들의 마음자리도 비좁다. 사소한 문제도 시비를 가리기 쉽지 않다. 주차장 설치 기준 강화, 불법 주정차 단속과 처벌 강화 등 주차 관련 법규와 제도 개선으로 주차난을 해소할 수 있을까. 얼마간 해소할 수는 있겠으나 법규와 제도가 충분조건은 아니다.

주차 관련 법규와 제도를 개선한다고 불법 주정차가 사라질까. 도로교통법 제32조에 명시된 주정차 금지 규정을 지키는가. 어떤 이들은 진입로나 코너에 대놓고 주정차한다. 보행자들의 통행로를 침범하고, 운전자들의 시야를 가려 불편하고 위험하다. 보행자들이 오가는 출입구나 장애인 경사로도 가로막는다. 타인이 불편하고 위험해도 '나 하나' 편하면 그만이다. 다들 그렇게 하니까. '나'도 타인이 주는 불편을 자주 겪으니까. 그렇듯 일상적으로 불편과 위험을 주고받는다. 질서와 양보는 손해일까. 피해 예방과 생존을 위한 사회적 선택이다. 그러나 현실은 질서와 양보의 선순환 혹은 이득을 기대하기 어렵다. 공동체성을 기대하는 것은 요원한 일이다.

학교는 어떤가. 오늘날의 학교 현장은 만차(滿車) 상태의 주차장처럼 변했다. 공동체성은 소멸하고, 저마다의 권리 주장으로 주체들 간의 갈등과 분쟁이 끊이지 않는다. 이해관계를 다루는 민원과 쟁송(爭訟)의 공간이 되었다. 학생, 학부모와 교사 간 갈등뿐 아니라 교직원들 간에도 갈등이 빈번하다. 이 글을 쓰는 중에 제주도 모 중학교 교사가 5월 22일 새벽 학교에서 숨진 채 발견되었다는 비보를 접했다. 학생을 지도하는 과정에서 아동학대 민원에 시달리다 세상을 등졌다고 한다. 40대의 젊은 교사였다. 2023년 7월 서이초 교사 사망 사건이 그대로 반복되고 있다. 학교 현장은 교권이 추락하고, 추모의 시간이 계속되고 있다. 학교의 현실이다.

아동복지법, 학교폭력예방 및 대책에 관한 법률(약칭: 학교폭력예방법), 아동·청소년의 성보호에 관한 법률(약칭: 청소년성보호법), 학생인권조례 등 학교 현장을 규율하고 조절하는 법령과 제도가 강화되었고, 이는 '학교의 사법화' 현상으로 나타났다. 물론 학생 인권 보호를 위해 필요한 법령들이다. 문제는 공동체성의 소멸, 교원의 정당한 교육활동 왜곡 등과 같은 심각한 문제를 초래했다는 점이다. 마치 책임과 윤리의식이 없는 익명의 존재들처럼 이해관계가 얽혀 사소한 문제도 충돌과 분쟁으로 치닫는다. 과거의 교육적인 해결 방식은 더 이상 통하지 않고, 법적 절차를 거치는 법 의존성이 심화했다. 학교의 지형이 법 중심으로 재편된 것이다.

아동복지법 제17조 제5호 '정서적 학대' 조항을 악용하는 사례가 많다. "아동의 정신건강 및 발달에 해를 끼치는 정서적 학대 행위"를 금지한다는 조항이다. 2023년 기준 아동학대 사건은 가정 내에서 발생한 사례가 21,336건(82.9%)으로 가장 높게 나타났다.[1] 이 같은 현실을 반영하여 은폐되기 쉬운 가정 내 아동학대에 대응하기 위한 조항이다. 그런 취지나 목적과 다르게 교사들의 정당한 교육활동까지 단속하는 조항으로 돌변했다. '정서적 학대'의 기준이 모호하고 포괄적이기 때문이다. 그로 인해 언제든지 교사들의 교육활동 행위를 문제 삼을 수 있다.

이 같은 상황 전개는 2012년 4월 1일 학교폭력예방법 개정과 연관이 있다. 학교폭력대책자치위원회(2012.4.~2020.2.) 처분 결과를 학교생활기록부(이하 학생부)에 기재하도록 개정한 탓이다. 당시 교육 당국은 '학생부' 위주의 대입 수시 모집 비율을 급격히 확대했다. 학교폭력 이력이 대학 입시 불이익으로 이어지기에 법적 대응도 불사했다. 그런 학부모들이 불복 소송을 진행하면서 교사들을 겨냥하기 시작한 것이다. '내 새끼'의 이익을 위해 교사들을 희생양으로 삼기 시작한 것이다. 그렇게 '정서적 학대' 금지 조항을 '무기'로 교사들을 압박하게 되었다.

---

1 보건복지부(2024), 『2023년 아동학대 주요 통계』, 17쪽.

'정서적 학대' 금지 조항은 이현령비현령(耳懸鈴鼻懸鈴)이다. 교원의 정당한 교육활동도 악의적으로 왜곡할 수 있다는 점에서 교사들에게는 폭력적인 조항이다. 앞서 언급했듯 '정서적 학대'는 기준이 모호하고 포괄적이다. 그런 탓에 학부모가 교사를 압박하거나 보복하는 수단으로 남용할 수 있다. 아동학대 기소율이 1.6%에 불과하다는 사실이 이를 방증한다. 아동학대로 신고당한 교사는 경찰과 검찰 수사가 종결될 때까지 피의자 신분으로 극심한 스트레스를 겪는다. 당연한 귀결로 교사의 교육활동은 위축될 수밖에 없다. 무혐의 처분으로 끝나더라도 상처는 지울 수 없다. 학부모의 허위 신고에 대한 무고죄 처벌도 어렵다. 아동학대범죄의 처벌 등에 관한 특례법의 아동학대 신고자 보호조치 때문이다. 게다가 고의성을 입증하기도 어렵다.

2023년 서이초 사건 이후 초·중등교육법을 일부 개정했다. "교원의 정당한 학생생활지도에 대해서는 아동복지법 제17조 제3호, 제5호 및 제6호의 금지행위 위반으로 보지 아니한다"[2]는 조항을 신설했다. 교원의 지위 향상 및 교육활동 보

---

2 초·중등교육법 제20조의2 참고. 「초·중등교육법」(법률 제19740호, 2023. 10. 24., 일부개정), 국가법령정보센터. https://law.go.kr (2025년 5월 26일 접속).

호를 위한 특별법(약칭: 교원지위법)도 일부 개정했다. "교원이 아동학대로 신고된 경우 임용권자는 정당한 사유 없이 직위해제 처분을 하여서는 아니 된다"는 조항과 동법 제17조 '아동학대 사안에 대한 교육감의 의견 제출' 조항을 신설했다.[3] 그러나 반복되는 교사 사망 사건에서 보듯 학교 현장은 그리 바뀌지 않았다.

교사노동조합연맹이 전국 유·초·중·고·특수학교 교사 8,254명을 대상으로 실시한 스승의 날 맞이 설문조사(2025.4.23.~5.7.) 결과 발표에 따르면, 교사 58%(4,788명)가 최근 1년간 이직 또는 사직을 고민한 적이 있다고 답했다. 교권 침해와 과도한 민원(77.5%), 낮은 급여(57.6%), 과도한 업무(27.2%) 때문이다. 최근 1년간 교권 침해 관련 현황과 관련해서는 교사 56.7%가 학생에게 교권 침해를 당한 적이 있고, 교사 56%가 보호자에게 교권 침해를 당한 적이 있다고 응답했다. 교사 23.3%는 교권 침해로 정신과 상담이나 치료를 받은 적이 있는 것으로 나타났다.[4]

---

3 교원지위법 제16조, 제17조 참고. 「교원의 지위 향상 및 교육활동 보호를 위한 특별법」(법률 제19735호, 2023. 9. 27., 일부개정), 국가법령정보센터. https://law.go.kr (2025년 5월 26일 접속).

4 교사노동조합연맹(2025). 「스승의 날 맞이 교사 설문 결과 발표」. 보도자료. https://www.kftu.net/sub_index.php?page=2&subm=1 (2025년

교권 5법(교육기본법, 유아교육법, 초·중등교육법, 교원지위법, 아동학대처벌법)의 실효성을 기대하기는 어렵다. '아동복지법'을 개정하지 않으면, 학교 현장의 특수성을 반영한 절차를 마련하지 않으면, 교권 보호는 요원한 일이다. 일부 학부모들은 아동복지법의 '정서적 학대' 조항을 계속 악용할 것이다. 대화와 소통이 불가능한 '몬스터 페어런츠(Monster Parents)' 혹은 괴물 학부모들의 막무가내식 교권 침해를 막을 수 없을 것이다. 교사들은 민원과 분쟁에 휘말려 고소당하는 게 두려워 아무것도 하지 않는 길을 선택할 수밖에 없을 것이다. 교사 사망 사건이 반복되고, 애도의 시간이 계속될 것이다. 교사들이 의욕을 잃고, 학교를 떠나게 될 것이다.

학교 현장은 권익 보호를 명분으로 법과 권리가 난무하는 분쟁의 공간이 되어버렸다. 사법화 현상 속에서, 법과 권리의 과잉 속에서 길을 잃었다. 이해관계가 얽힌 갈등과 분쟁으로 상처를 주고받는 위험한 공간으로 전락했다. 학교의 구성원들은 만차 상태의 주차장에서 자리를 찾지 못한 사람들처럼 길을 잃고 불안에 시달린다. '내 자리'를 찾는 이들로 넘쳐나지만, 속은 텅 비어 있다. 교육 현장은 민원과 분쟁에 휘말려 쓰러진 망자들의 상여(喪輿)와 함께 어디로 향하는 것일까. 법

5월 26일 접속).

과 제도만으로 '내 자리'를 찾을 수 있을까. 법과 제도만으로 관계와 공동체를 대체할 수 있을까. 학생들이 배움과 성장으로 미래를 여는 배움터를 꿈꾸는 것은 한가한 몽상일까.

2. 에이전트와 에이전시

최근 들어 학생 주도성(student agency)이 미래 교육의 키워드로 부상했다. 충남교육청도 2022년 1월 '미래 교육 2030 추진 계획'을 발표했고, 학생 주도성 신장을 학교 현장의 실행 과제로 제시한 바 있다. OECD(2020)[5]가 학생 주도성(student agency)을 강조한 바 있으며, 국내에서는 그 영향으로 주목하게 된 것으로 보인다. UNESCO 국제미래교육위원회 보고서(2021)[6]나 UCL(University College London) 교육연구소 잉그리

---

[5] OECD, *OECD Learning Compass 2030: Concept Note* (Paris: OECD Publishing, 2020), https://www.oecd.org/education/2030-project/teaching-and-learning/learning/learning-compass-2030/OECD_Learning_Compass_2030_concept_note.pdf (2024년 5월 26일 접속)

[6] UNESCO, *Reimagining our futures together: a new social*

드 스쿤(I. Schoon, 2018)[7] 같은 연구자는 학습자 주도성(learner agency)으로 쓴다.

자기 주도적 학습 능력을 길러주는 것은 중요하다. 물론 '학생 주도성'은 '자기 주도적 학습 능력'으로 환원되지 않는 포월(抱越)적인 개념이다. 그러나 학계에는 아직 합의된 정의가 없다. 용어도 '학생 행위 주체성', '학생 행위(자)성', '학생 주체성', '학습자 주도성' 등으로 옮겨 사용하고 있다. 그런 점에서 '학생 주도성'은 구성적인 개념이다. 개념과 용어를 정리하려는 것은 아니다. 다만 소통을 위해 여기서는 학습자가 '학습과 생활, 삶과 진로를 스스로 설계-실행-성찰하는 능력'이라는 의미로 사용한다.

사회적 환경의 변화는 필연적으로 교육의 변화를 동반한다. 시대가 바뀌면서 새로운 패러다임과 시선이 기입되기 때문이다. 학교 혹은 교육의 기능과 역할은 교육 담론, 과학과 기술의 성과, 추구하는 인간상, 지향과 목표 등에 따라 다르

---

contract for education (Paris: UNESCO Publishing, 2021), https://unesdoc.unesco.org/ark:/48223/pf0000379707.locale=en (2024년 5월 26일 접속).

7 I. Schoon, *Conceptualising Learner Agency: A Socio-Ecological Developmental Approach* (London: UCL Discovery, 2018), https://discovery.ucl.ac.uk/id/eprint/10048718 (2024년 5월 26일 접속).

게 규정될 수 있으며, 학교급, 교과의 특성, 학습자의 특성에 따라서도 연구자들의 견해가 다양하다. 그럼에도 공통적인 흐름을 발견할 수 있다. 학습자의 주도성을 강조하는 방향으로 진화해 왔다는 점이다. 지금까지 그랬듯 미래 교육도 이를 강조하는 방향으로 나아갈 것이다.

물론 최근의 '미래 교육' 담론에 대해서는 비판적으로 접근할 필요가 있다. 가령 원격교육, 개별 맞춤형 교육, 학생의 자율권과 선택권, 학생 주도성 등은 깊게 들여다볼 필요가 있다. 그것이 마치 자명한 표준인 것처럼 보이지만, 가치와 철학, 내용과 방향을 실종한 경우가 많기 때문이다. 필요 이상으로 '미래'에 대한 불안을 부추기고, 모두가 '그곳'으로 달려가게 만드는 강박적인 '명령어'들은 경계해야 한다고 본다.

OECD는 교육을 경제 개발을 위한 도구로 보고, 지식과 정보를 중심으로 재편되는 새로운 자본주의 생산 과정에서 성장과 자본 축적을 담보할 새로운 인간 자본의 형성에 관심을 기울여 왔다(손준종, 2014).[8] 또한 국가 간의 서열을 보여주는 PISA 보고서에서 보듯 OECD는 '수에 의한 통치'(남미자

---

8 손준종(2014). 「전지구적 교육거버넌스로서 PISA의 출현과 국가교육에 대한 영향」. 『교육사회학연구』, 24(3), 131~160쪽.

외, 2021)[9], 즉 데이터의 생산과 국가 간 비교를 통해 전 세계에 지배력을 확장해 왔다. 그런 점에서는 OECD 교육국의 보고서를 비판적으로 수용할 필요가 있다. 물론 'OECD 학습 나침반 2030'이 DeSeCo 프로젝트(1997~2005) 이후 교육의 역할을 새롭게 환기했다는 점에서는 의미가 있을 것이다.

에이전트(agent) 개념으로 돌아가자면, 에이전트란 통상 클라이언트의 목적 혹은 이익을 위해 필요한 일이나 업무를 대행해 주는 사람이나 시스템을 지칭한다. 클라이언트에게 필요한 서비스를 제공하고, 중개 역할을 하는 것이 일반적인 특징이다. 인도의 경제학자이자 사상가인 아마티아 센(Amartya Sen. 2001, 2003)은 에이전트를 행동하고 변화를 가져오며 다른 외부의 기준에 따른 평가와 관계없이 자신의 가치와 목적에 따라 자신의 성과를 판단하는 행위자를 지칭하는 용어로 확장해서 사용한 바 있다.[10]

교육기본법 제2조에서 보듯 학교 교육의 목표는 학생들이 민주시민으로 성장하도록 돕는 것이다. 교육과정이 학생의

---

9 남미자·김경미·김지원·김영미·박은주·박진아·이혜정, 『학습자 주도성, 미래교육의 거대한 착각: 학교 없는 학습은 가능한가?』, 학이시습, 2021, 41~43쪽.

10 아마티아 센, 『자유로서의 발전』, 세종연구원, 박우희 옮김, 2001, 38쪽.

배움과 성장을 돕는 '삶의 설계 체계'이듯 교사와 학교의 역할은 개인의 차원에서는 학생들이 배움을 통해 '더 좋은 삶'을 설계해 갈 수 있도록 돕고, 공동체 차원에서는 '더 나은 사회'를 만들어 갈 수 있는 민주시민으로 성장하도록 돕는 것이다. 그렇듯 교사는 이러한 목적을 실현하기 위해 학생들을 돌보고, 배움과 성장을 돕는 에이전트, 학교는 에이전시라고 해도 크게 틀린 말은 아닐 것이다.

좋은 교사는 학생들의 배움과 성장을 위해 헌신하는 에이전트고, 좋은 학생이란 그런 교사나 교육목표에 충실한 에이전트다. 에이전시란 클라이언트에게 필요한 서비스를 제공하거나 특정 업무를 대행해 주는 조직을 말한다. 전문성과 경험을 바탕으로 클라이언트의 요구를 해결해 주고, 성과를 달성하도록 돕는 조직이다. 학교도 다르지 않다. 학교는 학생, 교직원, 학부모, 지역 주민 등이 하나의 연결망을 형성하는 공간이다. 그런 점에서 포지션은 다르지만, 학부모와 지역 주민 또한 에이전트라고 해도 틀린 말은 아닐 것이다. 이렇듯 학교는 학생들의 활동을 돕는 에이전트들이 운영하는 조직이다.

에이전트로서의 좋은 교사는 학생과 학부모의 요구를 그저 충실히 따르는 자가 아니다. 교육의 목표와 그들의 요구 사이에서 적절하게 균형을 잡고, 그에 맞추어 학생과 학부모의 생각과 요구를 바꿀 줄 아는 사람이어야 한다. 마을기반

교육으로 옮겨 가자면, 교사는 중간 지원자, 학교는 중간 지원조직의 역할을 수행할 필요도 있다고 본다. 지역사회의 시설과 인프라, 자원과 역량을 중개하는 지원의 역할도 필요하다는 것이다.

에이전시 안에 복수의 에이전트들이 존재할 때 공동 주도성(co-agency)을 이야기할 수 있다. 교사는 학생이나 학부모에게 능동적으로 작용하는 행위자이지만, 그만큼 학생이나 학부모도 교사에게 능동적으로 작용하는 행위자라고 보아야 한다. 역으로 말하면 서로가 서로에게 작용 받는 대상이다. 교사는 교사가 생각하는 것 이상으로 '대상'이고, 학생과 학부모는 교사가 생각하는 것만큼 '대상'이 아니라고 할 수 있다. 부뤼노 라투르(Bruno Latour)의 '행위자 연결망 이론(Actor-Network Theory, ANT)'에 따르면, 인간뿐 아니라 하나의 연결망 속에서 작동하는 비인간들, 즉 동물, 식물, 사물, 기계, 기술 등도 행위자라고 본다.[11] 라투르는 행위자를 인간을 넘어 비인간으로까지 확장한다. 라투르의 ANT 이론은 인간 중심적 사고를 넘어 비인간들까지 볼 수 있게 해준다는 점에서 의미가 있다.

ANT 이론에 기대자면, 사회 혹은 공동체는 인간과 비인간

---

11   브뤼노 라투르 외, 『인간·사물·동맹-행위자네트워크 이론과 테크노사이언스』, 홍성욱 엮음, 이음, 2010.

사이에 형성되는 연결망이다. 그 속에서 작동하는 기계나 사물과 같은 비인간들도 인간의 행위를 바꿀 수 있는 행위자(actor)라는 것이다. 즉 비인간들도 인간처럼 행위능력(agency)이 있다는 것이다. 이처럼 '행위능력'이란 네트워크로 연결된 무수한 행위자들 간의 상호작용에서 비롯하는 관계의 효과로 볼 수 있다. 그런 맥락에서 '학습자 주도성'이란 '행위자 연결망'의 배치와 조건에 따라 발현하는 특성이자 능력이라고 해도 무방할 것이다.

가령 공간과 환경도 교육활동에서 하나의 특이점이 될 수 있다. 좋은 공간은 학생들의 발달과 성장의 기반이 된다. 또한 학교와 마을을 잇는 공간은 마을교육공동체 구축의 필요조건이기도 하다. 이렇듯 학교와 지역사회는 인간, 환경, 사물, 지역사회의 시설과 인프라, 자원과 역량 등이 하나의 연결망으로 작동하는 공동체라는 것이다. 비인간도 인간만큼이나 교육에 적극적으로 작용하는 액터 혹은 에이전트라고 볼 수 있다.

공동 주도성은 동일 주체 내에서도 필요하고, 다른 주체들 간에도 필요하다. 좋은 학교를 만들어 가려면 교사, 학생, 학부모, 지역사회가 함께 소통하고 협력하는 공동 주도성(co-agency)이 중요하다는 것이다. 나는 '혁신'보다는 '좋은'이라는 형용사를 선호한다. 열린 해석과 구성적인 접근이 가능하기 때문이다. 좋은 교육, 좋은 수업, 좋은 학교를 만들어 가려면, 그리고 함께 성장하려면 실천의 공동체성이 중요하다. 공동 주도성으로 좋은 학교를 만들어 가는 것, 그것이 미래 교육을 미리 당기는 '혁신의 정치'가 아닐까?

혁신교육 담론과 실천, 실험과 도전의 열기가 사라지고, 인공지능(AI)과 에듀테크(Edu-tech)가 새롭게 부상했다. 교육계는 '교육의 디지털 전환'을 미래 교육의 주요 과제로 설정했다. '혁신'은 진부한 기표가 되었고, '미래'라는 이름의 빈 기표들이 난무한다. '혁신'과 '미래'를 조합하거나 '혁신'을 '미래'로 대체하는 '기표 놀이'를 넘어선 '혁신의 정치'가 출현하길 기다린다. 무언가를 준비하지 않고, 기다리기만 하면 바라는 것은 오지 않는다. 기다림이란 사건을 찾아가는 것이고, 때를 만들어 가는 것이다.[12]

---

12 이진경, 『사랑할 만한 삶이란 어떤 삶인가』, 엑스북스, 2020, 350쪽.

3. 실험과 도전, 뷰카 시대 혁신의 정치학

'사회' 앞에 덧붙는 표현들이 여럿 있다. 소비, 잉여, 투명, 위험, 피로, 분노, 싱글 등을 말하는 것이다. 사회의 특징을 보여주는 표현들이다. 용어에 따라, 투시법에 따라 포착하는 특징이 다르다. '뷰카(VUCA)' 시대라는 용어도 있다. 변동성(volatility), 불확실성(uncertainty), 복잡성(complexity), 모호성(ambiguity)의 머리글자를 따서 시대 상황 혹은 사회 환경을 표현한 말이다. '뷰카'를 넘어 '초뷰카'를 말하는 이들도 있다.

VUCA는 워렌 베니스(Warren Bennis)와 버트 나누스(Burt Nanus)가 리더십 이론에서 처음 사용했다. 그러다 미 육군 전쟁대학(Army War College)에서 냉전 종식 후 다원화한 다자간 세계를 설명하기 위해 1987년 VUCA 개념을 도입했다.[13] 뷰

---

13   Wikipedia. (2024, May 17). *VUCA*. Retrieved from https://

카는 기업, 군사, 교육, 정부 등 다양한 분야에서 급격한 변화와 그에 대한 대응을 이야기할 때 주로 사용한다. 여기서 용어의 기원과 발생에 대한 설명을 더 추가할 필요는 없을 것이다.

해마다 트렌드 관련 서적들이 요란하게 전망을 쏟아낸다. 그러나 트렌드 전망은 그리 도움이 되지 않는다. 뷰카 시대의 상황은 예측 가능성 혹은 계산 가능성을 벗어나는 경우가 다반사기 때문이다. IT 업계는 이를 실감케 한다. 다른 산업군에 비해 변화가 급격한 데다 가속도가 붙어 '빛의 속도'로 변하고 있다. 에듀테크(Edu-tech) 시장에 출시한 각종 솔루션과 도구들은 개인이 따라잡을 수 있는 임계치를 벗어났다.

그런 만큼 '위기'라는 말이 일상어가 된 시대다. 교육계도 다르지 않다. 대학 체제, 입시제도, 교권 추락, 학령인구 급감 등 여러 위기를 말한다. 교육계는 변화가 느리다. 그에 둔감한 사례가 많고, 실험에 따르는 리스크(risk) 때문에 외면하는 사례도 다반사다. 아이러니하게도 그게 위기다. 현상 유지는 '위기'의 다른 이름이다. 변화를 따라 변하지 않으면 위기를 피할 수 없다. 혁신이 일상어가 된 것은 그런 이유 때문이다.

그렇기 때문에 OECD가 'Education 2030 프로젝트'에서 학생 주도성(student agency)과 공동 주도성(co-agency)을 강조한

---

en.wikipedia.org/wiki/VUCA (2024년 5월 20일 접속)

것이다. 학생뿐 아니라 교사, 학부모, 지역사회도 마찬가지다. 여기에 지역의 대학이나 기업도 협력의 주체에 추가해야 한다. 교육에 관여하는 모든 주체들의 '주도성(agency)'이 필요하다고 본다. 교육 관련 기관이나 조직도 마찬가지다. 사회 변화에 대응하기 위해서는 협력적 주도성(co-agency)이 중요하다.

'주도성'은 '행복'과 서로 연관되어 있다. '자기 주도'가 가능해야 행복을 느낄 수 있다는 것이다. 물론 성취감, 협력과 연대도 중요하다. 자신의 배움과 성장, 삶과 진로 설계에 필요한 학습과 활동을 자율적으로 계획-실행할 수 있을 때, 그 과정에서 성취감을 느낄 때, 또 서로 의미 있게 연결되어 있음을 느낄 때 행복을 느낀다. 만족스러운 성취를 해도 주변에 사람이 없거나 고립되면 외로움과 쓸쓸함을 피할 수 없다.

이는 인간의 행복도, 조직의 유효성도 마찬가지다. 정체되어 있다고 느낄 때는 지나온 시간을 돌아보며 변화의 상황과 흐름을 살피는 작업이 필요하다. 변화와 성장은 항구적인 과정이기에 정체(停滯)의 고비가 반복해서 돌아오니까. 정체를 질타하듯 새로운 질문이 반복해서 돌아오는 것이다. 새로운 실험과 도전으로 정체와 고착을 넘어서야 한다. 교육의 방향과 중장기 비전을 새롭게 설정하고, 변화를 창출해야 한다고 생각한다.

정체와 고착은 기관, 단체, 공동체 등과 같은 조직의 유효성[14]과 구성원들의 효능감[15] 저하로 귀결한다. 조직이든 공동체든 유효성 제고와 구성원들의 효능감(self-efficacy) 향상을 위해서는 새로운 실험과 적극적인 도전이 필요하다는 것이다. 학생, 교사, 학부모, 유관기관, 지역사회, 지역의 대학과 기업의 관계자들과 협의하여 비전과 과제를 새롭게 설정하고, 상황에 맞게 실행 방안을 구체화하여 변화를 창출해야 한다고 역설해 본다.

협력적 주도성(co-agency) 개념에서 보듯 학교 교육에서 교사의 역할은 중요하다. 수업이 교사와 학생이 학습 내용을 매개로 상호작용하는 배움의 과정이듯 교사가 교수(teaching)의 주체임은 이론의 여지가 없다. 물론 교사의 역할 수정은 불가피하다. 사회 문화적 환경의 변화가 수업 패러다임의 변화를 동반하기 때문이다. 과거의 '자격증'을 넘어 '자기'를 지워가며 시대의 흐름에 맞게 변이할 수 있는 능력이 중요하다.

---

14 조직이 추구하는 공동의 목표를 달성한 정도(≠조직 효율성: 특정 기준에 따른 평가, 투입-산출의 시스템적 관점). 최근에는 특정 기준을 넘어 통합적 관점에서 접근하고 있다. (cf. 생산성, 능률성, 이익, 성장률, 이직률, 직무만족, 조직몰입, 조직시민행동 등)

15 자신이 어떤 일을 성공적으로 수행할 수 있는 능력이 있다고 믿는 기대와 신념. 자신의 의견 무시, 잔심부름 등 업무와 무관한 일에 시간과 에너지를 소비하는 등 자신의 능력을 제대로 인정(평가)받지 못할 때 효능감이 저하된다. 자기 효능감 저하는 조직의 유효성 감소로 이어진다.

학교도 시대에 맞게 달라져야 함은 물론이다. 시도교육청별로 시차가 있으나 혁신교육을 시작한 지 10~15년이 되었다. 혁신학교에 근무하던 교사들이 일반 학교로 옮기면 문화적 충격이 크다고 한다. 그렇듯 교육 운영 방식에 따라 학교 간에 혁신의 편차가 크게 벌어지고 있다. 교사들의 열정과 헌신에 기대는 방식에서 그간의 성과를 제도화하는 방식으로 전환해야 한다고 생각한다. 이를 위한 제도와 행정의 혁신이 필요한 시점이다.

학생들도 마찬가지다. 자신의 학습과 생활, 삶과 진로를 스스로 설계-실행-성찰하는 능력을 길러야 한다. 성장 단계에 따라 비중은 다르겠으나 교사와 학부모가 학생들에게 권한을 넘겨야 한다고 본다. 학생만 그런 것일까. 학습자 일반이 그렇다. 요람에서 무덤으로 가기 전까지 배우는 평생학습 시대다. 생애 전반전의 성취가 후반전이나 연장전까지 보장하는 것은 아니다. 그런 점에서 배움의 과정은 마라톤과 유사하다.

학부모도 중요한 변수다. 자녀는 미숙한 존재가 아니다. 단지 경험치가 다를 뿐이다. 과잉보호는 성장에 도움이 되지 않는다. 자녀 스스로 자신의 학습과 삶을 설계하고 도전하도록 가르쳐야 한다. 유년기부터 크고 작은 경험과 훈련이 필요하다. 부모가 자녀의 삶의 주인은 아니다. 점진적으로 권한을 넘겨야 한다. 부모가 경험한 시대와 자녀 세대가 직면하는 사회 환경과 상황은 다르다. 보호자도 공부해야 한다는 것이다.

LOL 월드챔피언십(롤드컵) 4회 우승자 페이커(프로게이머 이상혁)의 할머니는 드문 사례다.[16] MZ세대들 중 e스포츠 스타 페이커를 모르는 사람이 없을 것이다. 페이커의 할머니는 손자를 응원하려고 게임을 공부하셨다고 한다. 페이커와 할머니의 대화가 인상적이다. 게임을 파악하고, 상대 선수의 장단점을 분석하는 등 대화에 막힘이 없다. 이렇듯 자녀와 소통하며 성장을 응원하려면 부모 세대도 배워야 한다는 것이다.

지역사회도 마찬가지다. 인구 감소와 소멸 위기가 심각하다. 학령인구 감소로 학교가 사라지면 마을도 소멸한다. 혁신교육으로 이 같은 문제를 해결할 수 있을까. 지역경제와 일자리가 큰 변수라는 사실을 모르는 것은 아니다. 그럼에도 작은 변수 하나가 기점이 될 수도 있다고 본다. 일본의 공민관이나 히가시카와 마을 등의 사례는 지속 가능성을 잘 보여준다. 늦기 전에 눈앞의 경제 논리를 넘어 지속 가능한 미래를 만들어가는 일에 동참해야 한다고 생각한다. 물론 우리의 미래가 일본에 있는 것도 아니고, 핀란드에 있는 것도 아니다. 다만 성

---

16 T1, "페이커 2000킬 기념, 페이커의 과거와 미래 그리고 가족에 대하여|T1 2020," *YouTube*, 2020년 4월 8일 업로드, https://www.youtube.com/watch?v=5IHwZVCB57M (2024년 5월 20일 접속).

공적인 사례를 참고로 해법을 찾자는 것이다.

'위기'의 연쇄는 대학과 기업으로 이어진다. 대학과 기업도 달라져야 한다. 출생 인구가 줄면서 초등학교 폐교가 속출하고 있다. 조만간 중고등학교 폐교로 이어질 것이다. 이 같은 연쇄는 대학의 위기로, 기업의 위기로 이어진다. 대학이 문을 닫고 있다. 지방대는 벚꽃 피는 순서가 아니라 동시다발로 문을 닫을 상황이다. 당연한 귀결로 기업도 경쟁력을 잃게 될 것이다. 산학협력이나 계약학과 설치로 국한해서 볼 문제가 아니다. 학령인구 급감에 따른 위기의 연쇄라는 관점에서 대응해야 한다고 본다.

즉 대학과 기업도 지역교육과 지역사회의 발전을 위해 적극적으로 협력하는 모델을 창출해야 한다는 것이다. 초중고, 대학, 기업은 정주 여건의 중요한 변수다. 물론 교통, 의료, 보육, 환경 등도 정주 여부를 결정하는 변수다. 혁신교육과 마을교육공동체 운동의 성과일까. 대학이 지역교육과 지역사회의 발전에 기여하는 모습을 종종 볼 수 있다. 진로 교육, 다문화 교육, AI·SW 교육, 드론 교육, 기초학습 지도, 주민 교육 등 다양한 영역에 걸쳐 협력하고 있다. 이렇듯 대학과 지역사회의 협력과 파트너십이 증진되고 중요성도 커지고 있다. 이는 대학과 지역사회가 상생하기 위한 노력이라는 점에서 긍정적이다.

뷰카 시대는 정답이 없는 시대다. 안주할 것인가, 도전할 것인가. 현상 유지와 관리만으로는 뷰카 시대를 돌파하기 어렵다. 배움의 이유가 무엇일까. 당연하게도 좋은 삶을 위한 것이다. 행복한 삶을 위한 것이라고 말해도 좋을 것이다. 물론 이상과 다르게 코앞의 입시를 넘어서기 어려운 게 현실이다. 그럼에도 스타트업을 경영하듯 실험과 도전이 필요하다. 그에 따르는 리스크를 이유로 실험과 도전을 외면해야 할까. 학생들이 그런 학교에 기댈 리 없다. 실패하든 성공하든 거기서 다시 시작하면 된다.

4. 혁신의 정치

지나온 시간

혁신(innovation)은 경제학자 조지프 슘페터(Joseph Schumpeter)가 사용한 말이다. 기업이나 공공기관의 비효율과 무능의 문제를 지적했던 피터 드러커(Peter Drucker)나 기업가 정신과 혁신을 강조했던 스티브 잡스(Steve Jobs)가 떠오른다. 이렇듯 혁신은 우리에게 친숙한 용어다. 혁신은 주역(周易)에도 나오는 말이다. 혁고정신(革故鼎新), 옛것을 고치고 솥을 새것으로 바꾼다는 말이다. 새로운 변화가 필요할 때 낡은 것을 새로운 것으로 바꾸자는 뜻으로 흔히 사용한다. 이를 혁신(革新)으로 줄여 쓴다.

혁신 담론은 기업혁신, 경영혁신, 기술혁신 같은 용어들이 보여주듯 기업경영 분야에서 발원한 것으로, 이는 경쟁에서 우위를 점하기 위한 기업의 내부 역량 강화와 시장 경쟁력 확보를 겨냥한다. 이렇듯 기업경영에서 혁신은 '생존' 명령어와 크게 다르지 않다. 혁신하든가, 사라지든가! 이 같은 개념이 사회 전 분야에서 '새로운 변화'를 주문하는 명령어로, 그 용법이 확장된 것이다. 이는 교육 분야에도 여과 없이 그대로 유입되었고, 현장 교사들의 사고와 감각을 지배하는 일상의 '언어'로 자리 잡았다.

혁신은 학교 현장의 반감을 샀던 용어이기도 하다. 혁신학교 도입 초기, 일각에서는 가죽을 벗기는 끔찍한 고통의 이미지를 덧씌워 거부감을 표현하기도 했다. 피(皮)는 갓 잡은 짐승에게서 벗겨 낸 생가죽을 뜻한다. 반면 혁(革)은 무두질로 쓸모 있게 가공한 가죽을 일컫는다. 무두질은 동물의 원피(原皮)가 상하기 전에 다양한 방법으로 손질하여 쓸모 있게 만드는 작업이다. 이렇듯 무두질은 인류가 터득한 유용한 기술이다. 그런 맥락에서 제도와 문화를 바꾸는 일도 일종의 무두질 같은 것이 아닐까.

혁신에 대한 반감은 관(官)에 대한 무의식이 작동한 탓일 것이다. 교육 당국이 교사들을 개혁의 대상으로 내몰며 수동적인 위치를 할당해 왔기 때문이다. 주기적으로 반복하는 '개혁'의 배치 안에는 자발적인 주체의 자리가 없었다는 것이다. 학교 혁신도 학교의 변화를 주문하는 종래의 정책과 다를 바 없는 것으로 보였을 것이다. 그렇듯이 관은 태생적으로 성과주의와 관리주의에 기반하여 정책을 수립하고 사업을 시행한다. 혁신 또한 현장 교사들에게 피로를 가중시키는 또 하나의 '명령어'였던 셈이다.

혁신학교 도입은 2000년대 초, 작은 학교 살리기 운동의 흐름을 절취한 정책이다. 경기도에서 시작했고, 전국의 시도교육청으로 확산했다. 시도교육청의 정책을 기반으로 교사 대중이 혁신학교 운동의 흐름에 합류했다. 교사들이 학교 혁신의 서사를 만들어 가는 자발적인 주체로 등장한 것이다. '교사-되기'의 열망과 의지에 기반한 흐름이었다고 본다. 이는 교사의 포지션을 새롭게 설정한다는 점에서 교육 당국의 통제와 관리를 넘어서려는 '탈구성의 기획'이었다고 해도 그리 지나친 표현은 아닐 것이다.

혁신교육의 열기 소멸

시도교육청별로 차이가 있으나 혁신교육을 시작한 지 10~15년이 되었다. 지형과 흐름이 바뀌었다. 제도 밖에서는 대안교육의 열기가 사라졌고, 상대적으로 우세한 흐름을 형성해 왔던 혁신학교 운동도 생기를 잃었다. 혁신교육과 관련한 담론 개진의 열기가 사라지고, 실험적이고 도전적인 실천도 소멸했다. '혁신'은 진부한 기표가 되었고, '미래'라는 빈 기표들이 난무한다. 인공지능(AI)과 에듀테크(Edu-tech)가 새롭게 부상했다. 혹자는 미래 교육이 이미 와 있다고 말한다. 그러나 미래 교육은 아직 모호한 상황이다.

혁신의 열기가 소멸한 데에는 여러 가지 이유가 있다. 코로나19(COVID-19)의 영향이 컸다. 코로나19의 3년이라는 시간은 교사학습공동체와 수업 연구회를 마비시켰다. 2022년 대선과 시도 교육감 선거 결과에 따른 정세 변동의 영향도 컸다. 교육 당국은 새로운 정책도 없이 혁신교육을 부정하는 상황이다. 시도교육청의 정책도 퇴행 현상이 뚜렷하다. 혁신교육의 선두 주자였던 경기도교육청이 대표적인 사례다. 다른 시도교육청도 사정은 크게 다르지 않다. 현상 유지와 관리 위주의 정책으로 후퇴하고 있다.

2018년 이후 서울 강남지역에서는 학부모와 주민의 반대로 혁신학교 추진이 좌초한 사례들도 있었다. 2020년 경원중학교 사태가 대표적이다. 집값 하락과 학력 부진이 이유다. 이 글에서 진위를 따질 생각은 없다. 혁신학교 교사들과 졸업생들의 증언에 기반한 '피부통계학'으로 집값이라는 괴물과 대적하기에는 역부족이다. 혁신교육의 성과를 제시하거나 학력 부진을 반박할 수 있는 데이터가 없다는 것은 안타까운 일이다. 게다가 서울 주요 대학의 수능 정시 비중 확대 정책도 혁신교육을 위축시켰다.

2023년 7월 서이초 교사 사망 사건에서 보듯 교권 추락의 심화도 원인이다. 스물셋의 젊은 교사였다. 이 사건을 계기로 한국의 교사들이 직면한 교단의 현실이 충격적으로 드러났다. 협력은 고사하고 신뢰라는 무형의 자산마저 잃은 교사들에게 혁신교육을 주문할 수 있을까. 물론 교권 추락이 어제오늘의 일은 아니다. 그래도 현 상황의 이유에 혁신학교 교사들의 탈진과 소진 또한 추가해야 할 것이다. 지난 10~15년간 혁신학교 정책은 단위 학교 교사들의 열정과 헌신에 기대는 방식이었다. 이 같은 방식이 지속 가능한 것일까.

그럼에도 교사들이 혁신교육을 내려놓지 않는 것은 '더 좋은 삶'을 준비하는 학생들 때문이다. 사회적 차원에서 보면 이들이 '더 나은 사회'를 만들어 갈 세대들이기 때문이다. OECD가 'Education 2030 프로젝트'에서 강조한 개인과 사회의 웰빙(Well-bing)과 같은 맥락이다. 교사들의 헌신에만 기대는 정책은 희망이 될 수 없다. '혁신'이 '미래'로 대체하는 유행이라면, 그것이 희망이 될 수는 없을 것이다. 혁신은 차이 없는 반복을 넘어 실험하고 도전하면서 새롭게 써 나가야 하는 진행형 서사가 아닐까.

마을교육 정책의 퇴행

혁신교육지구 사업도 마찬가지다. 혁신교육지구 사업은 2010년 경기도에서 처음 시작했다. 민(民)을 교육 현장으로 불러낸 혁신적인 정책 사업이다. 학교에서 지역사회로, 관의 정책 사업에서 민이 주도하는 마을교육공동체 운동으로 변이하는 양상을 보였다. 마을교육공동체 만들기가 사회적 운동으로 확산한 것이다. 충남은 2017년 6개 시군을 시작으로, 2020년 14개 시군이 모두 합류했다. 2017년에 시작한 지역은 올해 9년 차다. 지역의 상황에 맞게 '따로 또 같이' 자기 버전을 만들어 가느라 분주했다.

노력의 결과일까. 학교와 마을의 협력으로 아이 키우기 좋은 마을, 살기 좋은 지역을 만들어 가는 사례들도 등장했다. 아산시 송악면이 대표적인 사례다. 아산에서는 2023년 11월 마을교육 네트워크도 구성했다. 마을교육에 종합적이고 체계적인 접근을 위해 읍면동 간 네트워크를 구축한 것이다. 마을교육 의제와 사업을 협의하고, 민·관·학의 협력을 증진해 가고 있다. 마을교육 네트워크는 마을교육의 도약을 위한 끌개가 될 것으로 기대한다. 지역사회를 대표하는 마을교육 거버넌스로 자리매김해 갈 것이다.

그러나 혁신교육지구 사업과 마을교육공동체 운동의 열기

도 어느새 꺾였다. 혁신교육의 열기가 소멸한 이유와 크게 다르지 않다. 2022년 대선, 시도 교육감 선거, 기초자치단체장 선거, 2024년 광역단체장 선거 결과에 따른 정세 변동의 영향이 크다. 충남에서는 기초자치단체장이 행복교육지구 2기 협약을 일방적으로 파기하는 사례도 있었다. 기초지자체에서 교육경비 지원을 축소하거나 중단한 것이다. 이렇듯 관·관 협력조차 기대하기 어렵고, '마을교육공동체 활성화 지원에 관한 조례'도 유명무실한 상황이다.

교육청은 순환 전보로, 기초지자체는 임기제 공무원 채용으로 담당자가 자주 바뀐다. 그런 탓에 혁신교육지구 사업의 정체(停滯) 혹은 체증(遞增)의 고비가 반복해서 돌아온다. 심지어 교육지원청은 업무 담당자가 6개월마다 바뀌는 사례도 종종 있다. 기피 업무이기 때문이다. 이와 같은 사정도 긴 호흡에 장애로 작용한다. 게다가 앞서 말한 것처럼 선거 결과에 따른 정세 변동으로 혁신교육지구 정책과 사업이 퇴행하거나 후퇴하고 있다. 당연한 귀결로 마을교사들이 마을교육의 대열에서 이탈하고 있다.

이렇듯 관의 퇴행과 후퇴가 마을교육공동체 운동의 열기에 찬물을 끼얹은 상황이다. 지역에 따라 편차가 있으나 관·관 협력을 기대하기 어렵고, 민·관·학 교육 거버넌스도 가동하기 어려운 상황이다. 물론 관의 정책과 사업은 사라질 수 있다. 문제는 그것이 학교와 마을의 협력을 강조하는 혁신교육의 흐름에 역행한다는 점이다. 또한 마을교육공동체 운동의 성과도, 협력이나 연대와 같은 무형의 자산도 소멸한다는 것이다. 좌우를 가르는 프레임 탓이다. 이 같은 프레임 속에서 민은 무력할 수밖에 없다.

혁신의 재장전

앞에서 언급한 것처럼 근무하던 교사들이 일반 학교로 옮기면 충격이 크다고 한다. 역으로 일반 학교 교사들이 혁신학교로 갔을 때도 적응하기가 쉽지 않다고 한다. 학교 문화가 다르기 때문이다. 다시 말하면, 교육과정-수업-평가, 마을교육, 생활교육, 학습공동체, 의사결정 등 교육 운영 방식이 다르기 때문이다. 혁신학교와 일반 학교 간에 격차가 크게 벌어진 것이다. 마을교육도 마찬가지다. 민은 일반 학교가 여전히 문을 열지 않는다고 말한다. 협력을 기대하기 어렵고, 반쪽짜리 마을교육을 넘어서기 어렵다는 것이다.

'혁신의 정치'를 말하기에 앞서 정치에 대한 감각을 수정할 필요가 있다. 우리는 통상 정치를 특정한 합의 체제 안에서 권력을 획득하거나 유지하는 활동으로 이해한다. 사회적 갈등을 조정하고, 치안과 질서를 유지하는 중앙정부나 지방정부의 방식을 떠올리게 되기 때문이다. 그런 것만 정치일까. 조직과 공동체의 활동을 제한하는 관행과 규범들의 체계를 문제 삼는 것도 정치다. 즉 혁신교육의 흐름을 제한하는 법과 제도, 정책과 행정을 개선하는 것도, 학교와 마을의 관계를 탈구성(deconstruction)하는 것도 정치적인 것이다. 그런 점에서 정치는 삶의 도처에 편재한다고 말할 수 있다.

혁신교육은 개별 단위 교사들의 열정과 헌신에 기대는 방식이었다. 마을교육공동체 운동도 마찬가지다. 관이 정책 사업으로 민을 교육 현장으로 불러냈다는 점은 긍정적이다. 그것은 민의 헌신과 노력에 기대는 방식이었다. 이 같은 방식이 지속 가능한 것일까. 혁신교육과 마을교육공동체 운동의 성과를 제도화하려는 노력 없이, 교육부와 시도교육청의 정책과 행정의 혁신 없이 혁신교육과 마을교육을 유지할 수 있을까. 교사와 민의 열정과 헌신에만 기대는 방식은 더 이상 지속 가능하지 않다고 본다.

인구 감소와 지역 소멸 위기가 심각하다. 출생 인구가 줄면서 초등학교 폐교가 속출하고 있다. 학령인구 감소로 학교가 사라지면 마을도 사라진다. 이 같은 위기의 연쇄가 대학과 기업으로 이어지는 것도 시간문제다. 혁신교육과 마을교육공동체 운동으로 이 같은 위기를 돌파할 수 있을까. 물론 지역 경제와 일자리가 큰 변수다. 그럼에도 혁신교육과 마을교육공동체 운동을 지속하는 까닭은 이 같은 움직임이 인구 감소와 지역 소멸 위기에 대한 대응의 연쇄를 만들어 가는 기점 혹은 끌개(attractor)가 될 수 있기 때문이다.

혁신교육과 마을교육, 그간의 실험과 도전은 제도 안에 '내재하는 외부'를 만들어 가려는 탈구성의 기획이었다. 혁신의 과정에서 정체의 고비는 반복해서 돌아온다. 사회적 환경과 시대의 흐름이 변하기 때문이다. 혁신, 변화와 성장은 항구적인 과정이다. 현상 유지와 관리만으로는 위기를 넘어설 수 없다. 종래의 방식을 넘어 새로운 기획을 재장전할 시점이다. 지나온 시간을 돌아보고, 변화를 살피는 작업이 필요하다. 비전과 과제를 새롭게 설정하고, 새로운 실험과 도전으로 정체와 고착을 넘어서야 한다.

최근 여러 시도교육청에서 IB(international baccalaureate)를 도입하는 이유는 그것이 교육과정, 수업, 평가, 교사 등과 관련한 체계적인 시스템이기 때문이다. 혁신교육이 간과한 측면이다. 마을교육도 그렇다. 가령 일본은 1949년에 「사회교육법」을 제정하고, '공민관'이라는 사회교육기관을 설치·운영해 왔다. 공민관 사례를 참조하면서도 법령과 제도는 사각(死角)이었다. 교원 정책도 마찬가지다. 핀란드를 비롯한 해외 사례를 그렇게 많이 참조하면서도 교원 양성 시스템과 교원 정책은 제대로 보지 못했다.

종래의 혁신교육과 마을교육공동체 운동이 교사들과 민의 열정과 헌신에 기대는 방식이었다면, 이후의 혁신교육과 마을교육공동체 운동은 그동안의 성과를 제도화하는 방식으로 전환해야 한다고 본다. 즉 법령과 제도, 정책과 행정을 재정비하는 등 다시 한번 도약하기 위한 실험과 도전이 필요하다는 것이다. 지금 민·관·학이 함께 가동해야 할 '혁신의 정치'란 그런 것이 아닐까. 물론 이는 개별 단위에서 할 수 있는 일이 아니다. 제도와 행정의 혁신이 필요하다는 것이다. 요람에서 무덤까지, 민·관·학이 함께 학교와 마을이 배움터가 되는 미래를 만들어 가는 노력 없이 때는 오지 않는다.

5. 에듀테크와 교육

 코로나19가 지나갔다. 코로나19 사태 초기에 사람들은 가볍게 말했다. 메르스(MERS)처럼 짧게 지나갈 거라고. 코로나19는 쓰나미(tsunami)처럼 몰려왔고, 학교의 기능을 마비시켰다. 교육계는 그런 상황에 대한 적응과 교육 방식의 전환에 대해 고심했다. 현장 교사들은 온라인 도구와 서비스를 활용하는 방식을 찾았고, 경험과 사례를 공유하며 위기에 대응했다. 그러면서 교사와 학생들은 대면과 온라인을 넘나드는 새로운 수업 감각을 익혔다.

 코로나19 초기 2년간은 비대면 상황이 지속되었고, 학교는 학생들의 배움과 돌봄, 관계와 성장을 돕는 기능을 제대로 수행할 수 없었다. 물론 예기치 못한 상황임에도 온라인으로 시공간의 제약을 넘어섰다. 그러나 대면 기능을 소화해 내기에는 한계가 있었다. 한편으로는 교육의 디지털 전환의 가능성을 실험하는 도전의 시간이었다. 추가하자면, 다가올 교육의 미래를 미리 당긴 시간이었다고도 할 수 있다.

학교 현장에서는 에듀테크를 이용하여 수업을 이어갔다. 줌(Zoom), 구글(Google), 네이버 웨일(Naver Whale), 유튜브(Youtube), 구글 클래스룸(Google Classroom), 구글 미트(Google Meet), 패들렛(Padlet) 등의 범용 도구들을 활용하였고, AR·VR·메타버스 등 새로운 기술과 서비스도 점차 발전했다. 메타버스의 경우 제페토(ZEPETO), ZEP, 게더타운(Gather Town), 로블록스(Roblox)와 같은 상용 플랫폼을 교육에 활용하기도 하고, 교육의 목적에 맞게 특화한 디지털 환경을 구축하는 사례도 등장했다.

이렇듯 학교 현장은 코로나19에 대응하여 원격수업을 도입했으며, 수업과 콘텐츠 활용 방식을 다양화했다. 자연스럽게 에듀테크(Edu-tech)가 새롭게 부상했고, 교육계는 '교육의 디지털 전환'을 미래 교육의 주요 과제로 설정했다. 최근 들어 에듀테크 시장의 성장세도 뚜렷하다. 이는 교육 분야의 디지털 전환이 가속화하고 있음을 잘 보여준다. 세계 여러 나라도 미래 교육의 중요한 요소로 에듀테크에 주목하고 있다. 그런 탓인지 에듀테크가 미래 교육을 여는 열쇠이자 자명한 표준인 것처럼 보인다.

물론 기술이 발전하고, 그것을 교육에 활용하는 것은 자연스러운 일이다. 기술 빅뱅(technological big bang)이 세상을 뒤흔드는 거대한 변환을 야기하고 있다. 인공지능(AI), 로봇, 사물인터넷(IoT), 빅데이터, 클라우드 컴퓨팅, 메타버스, 가상현실(VR), 증강현실(AR), 혼합현실(MR), 확장현실(XR) 등의 첨단 기술이 뒤섞여 발생하는 융·복합 기술 빅뱅과 그 결과물이 인간의 일상과 삶의 방식을 바꾸고 있다. 교육 분야도 예외가 아니다. 때문에 '2022 개정 교육과정'에서는 '디지털 기초소양'을 강조한다.

미래 교육의 핵심은 학습의 개별화와 다양화다. 데이터와 알고리즘 기반 학습관리는 트렌드가 될 것이다. 개인 맞춤형으로 다양한 학습 경로를 제공할 수 있고, 피드백에도 효과적이기 때문이다. 가령 2016년 미국의 조지아 공대에서는 IBM 왓슨 기반의 AI 조교 '질 왓슨(Jill Watson)'을 개발하여 학생들에게 빠른 답변과 피드백을 제공하는 방식으로 온라인 수업을 진행한 바 있다. 학생들은 수업이 끝날 때까지 AI라는 사실을 전혀 몰랐다고 한다. 이렇듯 테크놀로지가 놀라운 속도로 발전하고 있고, 에듀테크는 이미 와 있는 현실이 되었다.

학습을 강조하는 시대인 만큼 에듀테크가 큰 힘을 발휘할 것으로 보인다. 그러나 그 가치와 철학, 방향과 내용을 실종한 쏠림 현상이 눈에 밟힌다. '반도체 교육부', 'AI 교육청'이란 말이 나올 정도다. 에듀테크의 강점을 모르는 것은 아니다.

그러나 에듀테크가 학습자 주도성(learner agency)을 보증하는 것은 아니다. 유네스코 보고서에서 보듯 에듀테크는 교육과 학습을 지원하는 기술이다. 필요 이상으로 '미래'에 대한 불안을 부추기거나, 모두가 '그곳'으로 향하게 하는 쏠림 현상은 경계할 필요가 있다.

이와 관련하여 알트스쿨 사례는 '교육의 디지털 전환'에 시사하는 바가 크다. 알다시피 알트스쿨은 구글 출신 엔지니어 맥스 벤틸라(Max Ventilla)가 2013년에 창업한 수익형 교육 스타트업이다. 마크 저커버그(Mark Zuckerberg)를 비롯한 실리콘밸리의 유명 인사들이 1억 7,500달러를 투자한 대안학교다. 알트스쿨은 데이터와 알고리즘을 기반으로 학생들에게 개별 맞춤형 교육과정을 제공했다. 당시 디지털 시대의 '미래학교 모델'로 주목받았고, 샌프란시스코와 뉴욕 등지에 9개 학교를 열었다.

그러나 높은 학비를 부담했음에도 학생들의 학업 성취도가 떨어지면서 학부모들이 자녀를 다른 곳으로 전학시켰다. 교육 방식이 문제였다. 학생들은 책을 읽는 대신 오디오북이나 온라인 자료를 활용하여 과제를 해결했다. 학습 과정에서 맞춤법을 틀려도 개의치 않았다. 맞춤법 검사기가 오류를 자동으로 수정해 주기 때문이었다. 이 같은 방식은 단순히 시험 성적 하락뿐 아니라 비판적 사고, 문제 해결 능력, 창의적 글쓰기 등 종합적인 역량의 저하로 이어졌다. 학습 내용을 자기화하려는 과정 없이 학력을 기를 수 있을까. 결국 알트스쿨은 자체 개발한 개인 맞춤형 교육 소프트웨어를 다른 학교에 제공·판매하는 B2B(Business to Business, 기업 간 거래) 모델로 사업 방향을 바꾸었다.

최근에는 OpenAI에서 출시한 인공지능 챗봇 ChatGPT가 화제다. ChatGPT는 미국 의사 면허 시험(USMLE)과 일부 로스쿨 시험에서 합격권 점수를 기록했으며, 글쓰기와 과제, 업무 전반에 활용할 수 있다. 기능이 강력한 만큼 무분별한 오남용과 악용도 예상된다. 가령 피싱이나 돈벌이 같은 범죄에 악용될 가능성이 있다. 미국에서는 학생들이 과제나 시험에 남용하는 사례가 늘면서 사회적으로 논란이 되고 있다. 이 같은 AI 오남용은 학생들의 사고력과 학력 신장에 부정적인 결과를 낳을 수 있다.

데이터와 알고리즘 기반 학습관리는 학생들의 학습을 돕는 필요조건일 수 있다. 그러나 그것이 학생들의 학력을 보증하는 것은 아니다. 같은 맥락에서 테크놀로지 기반 교육환경이 학습자 주도성을 길러주는 것도 아니다. 학습과 생활, 진로와 삶을 스스로 설계-실행-성찰하는 능력을 기르는 것은 또 다른 문제이기 때문이다. 참고로 테크놀로지가 지배적인 교육 프로세스는 교사의 포지션과 역할에도 영향을 준다. 그런 프로세스 자체가 교사에게 제한적인 위치와 기능을 할당하기 때문이다.

앞서 말한 대로, 2020년에 알트스쿨은 모든 학교를 폐쇄하고 다른 학교에 기술을 제공하는 방향으로 전환한다고 발표했다. 알트스쿨은 스타트업이고, 생존을 위해서는 매출이 필요했다. 이에 수익을 창출하기 위해 개인 맞춤형 교육소프트웨어 개발에 주력했다. 그러나 경영난을 극복하지는 못했다. 이와 관련해서도 학부모들은 학생들의 학습 데이터가 마치 실험 자료처럼 사용되었다며 거세게 비판했다. 자녀가 실험실의 '기니피그'처럼 취급당했다고 느낀 것이다. 학생들이 일종의 베타테스터(beta tester)였던 셈이다.

알트스쿨은 교육에 테크놀로지를 적용한 혁신적인 사례였다. 그러나 실험 사례가 꼭 성공 사례가 되는 것은 아니다. 개인 맞춤형 학습도 중요하지만, 학습은 학생-학생, 학생-교사 등의 관계 속에서 진행된다. 즉 교육과 학습은 관계적 성격이 강하다. 에듀테크로 대체할 수 없는 측면이다. 과학과 기술의 변화가 교육에 기입되는 것은 당연하다. 그러나 테크놀로지 기반 학습 프로세스가 학력과 학습자 주도성을 보증하는 것은 아니다. 에듀테크 활용의 시행착오와 역효과를 점검할 필요가 있다고 본다.

이 시점에서 교육의 목적을 되묻게 된다. 교육은 사회의 변화에 대한 대응과 더 나은 사회를 만들어 가는 데 기여해야 한다. 교육과 학습의 매커니즘은 테크놀로지로 환원할 수 없다. 에듀테크는 교육을 지원하는 도구 혹은 기술이다. 에듀테크가 유용하긴 하나 그 가치와 방향을 점검해야 한다. 에듀테크로 미래 교육이 출현하는 것일까. 현재든 미래든 교육은 개인에게는 삶과 진로를 설계해 갈 수 있도록 돕는 것이고, 공동체 차원에서는 '더 나은 사회'를 만들어 가는 시민으로 성장하도록 돕는 것이다.

6. 교육의 디지털 전환과 그늘

2025년 1월 22~24일 런던 엑셀센터에서 벳쇼(BETT Show)가 열렸다. 벳쇼는 영국교육기자재협회(BESA)가 주최하는 세계 최대 규모의 에듀테크 박람회다. 1985년부터 개최해 온 행사로 올해 40주년을 맞이했다. 이번 벳쇼에는 전 세계 600여 개 기업이 참여했고, 130여 개국 35,000명이 전시장을 찾았다고 한다. 전 세계의 에듀테크 기업들이 교육과 관련한 혁신 기술을 선보였고, 교육 이슈를 다루는 세미나와 토론회도 열렸다. 교육용 장비와 소프트웨어, 교육 기술, 경영과 관리용 솔루션 등 '교육의 디지털 전환'의 트렌드를 한눈에 볼 수 있는 행사나.

이번 벳쇼의 슬로건은 'Learning Today, Leading Tomorrow'였다. 오늘의 배움이 내일을 선도한다는 뜻이다. 인공지능(AI), 혁신, 다양성과 포용성 등이 주요 테마였다. 인공지능

(AI)의 활용과 그 영향, 새로운 교육 기술과 도구에 기반한 교육 방법의 혁신, 다양한 학습 스타일의 존중과 모든 학습자를 위한 평등한 교육 기회 제공 등 최근 교육계의 주요 관심사를 반영한 테마들이다. 그에 맞게 교육시스템을 혁신해야 미래교육을 이끌어 갈 수 있다는 메시지를 함축하고 있다. 달리 말하면 변화와 혁신에 적응하라는 생존 '명령어'로 읽을 수도 있을 것이다.

한국의 교육부와 한국교육학술정보원(KERIS)은 '벳쇼 2025'에서 발행사들과 함께 AI 디지털 교과서(AI Digital Textbook, AIDT)를 전시했다. AIDT는 인공지능(AI) 기술을 활용하여 기존의 디지털 교과서를 스마트하게 개선한 것이다. 웹이나 애플리케이션으로 AIDT 플랫폼에 접속하여 콘텐츠와 기능을 사용한다. 구독은 유료다. AIDT는 AI 기술을 활용하여 학습 데이터를 분석하고, 개별 맞춤형 학습 경로와 실시간 피드백을 제공한다. 학생은 자신의 수준과 속도에 맞게 학습할 수 있고, 교사는 학생의 학습 상황을 실시간으로 파악하여 도움을 줄 수 있다.

추가하자면 AIDT는 다양한 학습 자료를 제공한다는 점도 강점이다. 그에 따른 학습 몰입도 향상도 기대할 수 있다. 농어촌이나 도서·산간 지역의 학생들에게는 시간과 장소에 제약받지 않고 학습할 수 있는 환경을 제공할 수 있다. 최신 지식과 정보를 신속하게 업데이트할 수 있다는 점도 장점이다. 그렇게 되면 급변하는 사회에 맞게 교육 내용을 재구성하는 작업도 용이할 것이다. 즉각적인 평가와 피드백으로 학습 효과를 증진할 수 있다는 점도 매력적이다. 교사의 업무를 줄일 수 있다는 것이다. 그만큼 교사들이 교육활동에 좀 더 집중할 수 있는 환경을 만들 것이다.

문제점도 예상된다. 경제적 여건, 정보기술(IT) 인프라 등에 따른 디지털 격차(Digital Divide)가 교육 격차를 심화할 것이다. 이는 사회적 불평등으로 이어질 공산이 크다. 디지털 기기 사용 시간도 증가한다. 이는 디지털 기기 중독, 디지털 피로도 증가, 사이버 윤리 문제, 건강 문제 등을 야기할 것이다. AI 의존으로 인한 사고력 저하도 우려된다. AIDT 도입과 유지에 막대한 예산이 필요한 만큼 타 사업 예산 감축이 불가피할 것이다. 인터넷, 기기 사용 등과 관련한 기술 문제 발생 시 학습이 중단될 수도 있다. 교사의 적응 과정의 어려움도 예상된다.

그럼에도 AIDT는 교수·학습의 혁신적인 도구다. AIDT를 비롯한 AI 기반 학습 프로세스와 학습 관리는 교육의 트렌드가 될 것이다. 학습의 개별화와 다양화를 강조하는 시대인 만큼 AI와 에듀테크가 큰 힘을 발휘하지 않을까. AIDT 도입은 교육의 효과를 한층 높일 것으로 기대한다. '언어'가 그렇듯

'기술'은 단순한 도구를 넘어 삶의 형식과 삶의 방식을 규정한다. 과학기술의 발달은 사회 변화를 초래하고, 이는 필연적으로 교육의 변화를 동반한다. 과학기술의 성과가 교육에 기입되기 때문이다. 당연하게도 교사의 역할과 교육 방식의 수정은 불가피하다.

AIDT를 전면 도입한 국가는 아직 없다. 미국은 에듀테크 기업들이 개발한 AI 기반 학습 플랫폼을 학교에 제공하고, 일부 주에서 AI 기반 개별 학습 시스템을 시범 도입하고 있다. 중국은 교육 현대화 전략의 일환으로 AI 기반 개별 학습 시스템을 도입하고, 일부 지역에서 AIDT와 AI 교사 보조 시스템을 시범 운영 중이다. 일본도 'GIGA 스쿨 구상' 프로젝트를 통해 AI 기반 개별 학습 시스템 도입을 추진 중이다. 싱가포르는 '스마트 네이션' 전략의 일환으로 AI 기반 교육시스템을 개발 중이다. 일부 학교에서 AI 튜터링 시스템을 시범 운영하고 있다.

이렇듯 AI 기술 도입은 초기 단계에 있으며, 대부분 시범으로 운영하거나 부분적으로 도입하고 있다. 세계 여러 나라에서 AI 기술 도입을 비롯한 교육의 디지털 전환을 가속할 것이며, 향후 몇 년 내에 AIDT를 본격적으로 도입할 것으로 보인다. 한국 교육부는 2025년부터 AIDT를 단계적으로 도입할 계획이다. 그러나 최근까지 AIDT 지위와 관련한 초중등교육법 개정을 둘러싸고 국회와 정부 간의 대립이 계속되고 있다. 이에 교육부는 2025년에는 희망하는 학교가 AIDT를 자율 선정하도록 지침을 안내했다. '의무'에서 '자율' 선정으로 지침을 변경한 것이다.

앞서 언급했듯 과학기술의 발달은 사회 변화와 함께 교육의 변화를 동반한다. 그런 점에서는 AIDT 도입을 비롯한 AI 기술과 에듀테크 도입은 필연적이다. 그럼에도 AIDT 도입과 활용은 신중한 접근이 필요하다고 본다. AIDT 도입에 필요한 인프라 구축, 디지털 기기 보급, 교사 연수, 구독료 예산 확보, 문제점 보완 대책 마련 등 필요하다면 시간을 두고 도입해도 무방할 것이다. 무리하게 강행할 필요가 없다는 것이다. 찬반 논란이 거센 만큼 시범 도입으로 검증 과정을 거칠 필요도 있다고 본다. 예상되는 문제점들을 최소화하는 방향으로 가야 할 것이다.

새로운 기술의 도입 초기에는 혼란을 겪는다. 1990년대 CD-ROM 멀티미디어 교육자료가 등장했을 때도, 2000년대 인터넷 검색 엔진과 위키피디아가 등장했을 때도 그랬다. 교사들은 혼란 속에서도 새로운 기술을 교육에 활용하는 방식을 찾았다. 그렇게 교육이 진화해 왔고, 학생들에게 시대에 맞는 학습 경험을 제공할 수 있었다. AIDT 도입도 다르지 않다. 새로운 기술의 등장은 기존의 교육 방식에 대한 도전이다. 기술이 교육을 변화시키고, 인간이 다시 기술을 변화시킨다. 그런 점에서는 AI 교육시스템과 도구도 인간에게 작용하는 행위자(actor)인 셈이다.

앞서 언급했듯이 싱가포르는 '스마트 네이션(Smart Nation Singapore)'[17]을 추진하고 있다. '스마트 네이션'은 국가 차원의 디지털 전환과 혁신을 위한 대규모 프로젝트다. 교육 분야의 '디지털 전환'을 넘어 디지털 경제 구축, 디지털 정부 실현, 디지털 사회 조성을 목표로 한다. 글로벌 디지털 경제에서 선도적 위치를 확보하려는 전략이다. 디지털 기술을 활용하여 교통, 주거, 건강, 교육, 금융 등 국가 전체를 혁신하여 시민들의 삶의 질을 높이고 경제 발전을 도모하겠다는 것이다. 싱가포르의 '스마트 네이션'은 '디지털 낙관론'을 보여주는 전략으로 보인다.

이렇듯 '디지털 전환'은 전 세계적인 흐름이다. 그러나 빛이 있는 곳에는 늘 그늘이 있다. '디지털 전환'을 떠받치고 있는 물질적 기반을 보면, 그리 낙관적이지 않다. 디지털 기술을 사용하기 위해서는 어마어마한 양의 금속과 전력이 필요하다. '디지털 전환의 가속'은 희귀 금속과 희토류의 소비 폭

---

17 *Smart Nation Singapore*, https://www.smartnation.gov.sg (2025년 2월 12일 접속)

중으로 이어진다. 희귀 금속과 희토류를 얻기까지의 채굴, 정제, 폐기물 처리 등의 과정에서 벌어지는 심각한 환경 파괴와 오염을 피할 수 없다.[18] 그 추출 과정에서 사용하는 엄청난 양의 물과 화학물질이 방출되어 치명적인 환경 오염을 야기하고, 막대한 양의 탄소 배출을 동반한다. 이렇듯 '디지털 전환'은 금속을 추출하고, 전력을 생산하는 것에서 시작한다.

'디지털 전환'의 투시법으로는 위와 같은 문제들이 보이지 않는다. '디지털 낙관론'이 강할수록 그 이면의 '그늘'은 더 보이지 않는다. 게다가 '디지털 전환' 정책은 '디지털 산업'과 착종되어 있다. 자본은 이윤 증식의 벡터만 가동할 뿐 환경문제를 보려고 하지 않는다. 이렇듯 '생태적 전환'을 외면하는 '디지털 전환'을 긍정할 수 있을까. 디지털 기술을 편리하게 사용하기만 하면 그만일까. '디지털 전환'의 입지점을 수정해야 한다. 즉 '디지털 전환'은 '생태적 전환'과 함께 가야 지속 가능하다. 잘못 짚은 낙관론은 돌이킬 수 없는 결과를 초래할 수 있다.

---

18   기욤 피트롱, 『프로메테우스의 금속』, 양영란 옮김, 갈라파고스, 2021, 43~48쪽.

2부
마을, 관객인가. 파트너인가.

충남은 행복교육지구 9년 차다. 관의 정책 사업이 마을교육공동체 운동으로 변이하는 양상을 보였다. 학교와 마을의 관계가 달라졌고, 지역 주민의 교육 참여 기회가 확대되었다. 관의 정책으로 민을 교육 현장으로 불러냈다는 점에서는 긍정적이다. 그러나 지금은 마을교육공동체 운동의 열기가 꺾였다. 선거 결과에 따른 정책의 퇴행과 후퇴가 마을교육공동체 운동의 열기에 찬물을 끼얹은 상황이다. 민이 마을교육의 대열에서 이탈하고 있다.

이대로 간다면 마을교육공동체 운동의 성과도, 협력이나 연대와 같은 무형의 자산도 소멸할 것이다. 마을은 자원과 역량의 보고다. 마을교육공동체는 민·관·학이 함께 지켜야 할 자산이다. 그러나 혁신교육이 그렇듯 마을교육 또한 민의 열정과 헌신에 기대는 방식이었다. 이와 같은 방식은 더 이상 지속 가능하지 않다. 일본의 공민관 사례에서 보듯 법령과 제도를 마련해야 하지 않을까. 그간의 성과를 법제화하는 방식으로 가야 한다는 것이다.

1. 청소년 마을 배움터

 청소년 마을 배움터는 아산시 교육청소년과 주관으로 학생들에게 다양한 학습과 체험 기회를 제공하기 위해 추진하는 사업이다. 즉 지역사회와 연계하여 학생들의 배움과 성장을 지원하는 사업이다. 2024년 올해로 2년 차 사업이며, 읍면동 주민자치회에 공모·선정하여 15개소를 지원하고 있다. 아산시민의 교육 참여 기회를 확대하고, 읍면동 주민들이 자율적으로 운영한다는 점에서는 마을교육자치 사업이라고 할 수 있다. 어려움도 겪고 있다. 한 번도 경험해 보지 않은 사업이기 때문이다. 단위별로 자원과 역량을 동원할 수 있는 상황도 다르다.

 청소년 마을 배움터는 아산시 교육청소년과와 (재)아산시청소년재단이 함께 추진하는 사업이다. 앞서 말한 것처럼 아산시 교육청소년과에서 청소년 마을 배움터를 선정하여 1개소당 1,000만 원씩 보조금을 지원하고, (재)아산시청소년재단이 컨설팅과 협의회, 모니터링과 성과 보고회를 담당하는 방식이다. 컨설팅부터 평가와 환류까지, (재)아산시청소년재단이 중간지원조직의 역할을 담당하는 셈이다. 단위별로 매우 다양한 교육 활동이 있다. 읍면동의 상황에 맞게 교과 관련 학습, 예술, 스포츠, 프로젝트, 테마 활동 등 프로그램을 다양하게 운영한다.

'청소년 마을 배움터'는 종래의 '마을학교'와 크게 다르지 않다. 2022년 선거로 기초자치단체장이 바뀌면서 '마을학교'를 '청소년 마을 배움터'로 변경한 것이다. 주민자치회에서는 반길 만한 상황이었다. 학교와 연결되고, 성과를 내기 좋은 사업이기 때문이다. 그러나 다년간 마을학교를 운영해 온 마을단체 활동가들에게는 불편한 상황이었다. 2023년부터 주민자치회에 공모하는 방식으로 바뀌었기 때문이다. 주민자치회가 마을단체 활동가들을 외면하는 사례가 있었고, 그로 인해 마을단체 활동가들이 사업에 참여할 수 없는 상황이 되었던 것이다.

관의 정책과 사업은 바뀔 수 있다. 단체장이 바뀌면 종래의 정책을 부정하고, 새로운 정책을 설정하는 일이 다반사니까. 정책이나 사업 방식을 변경하는 것이 나쁠 것은 없다. 마을교육 사업을 새롭게 재정비하는 것일 수도 있다. 그런 과정

에서 마을단체와 주민자치회 간의 이해관계가 상충할 수도 있다. 중장기적으로는 주민자치회가 마을교육의 대열에 합류한다는 점에서 의미도 있다. 그럼에도 마을활동가들이 마을교육의 대열에서 이탈하는 상황은 안타까운 일이다. 민의 요구와 의견 조사도 이루어지지 않았고, 정책이나 행정의 혁신과도 무관한 일이었다.

지난 6월 송악면과 온양5동 '청소년 마을 배움터'를 방문했다. 운영진들을 만나 청소년 마을 배움디 운영 상황을 듣고, 현안을 협의하는 간담회 자리였다. 송악면 청소년 마을 배움터는 우크렐레, 예비 고등 수학, 청청캠프를 운영한다. 청청캠프는 송악면에서 성장한 청년들과 청소년들이 만나는 진로

캠프로, 3년 차 사업이다. 청소년들이 선배들을 만나 진로에 대한 고민을 나누는 뜻깊은 시간이다. 진로 멘토링인 셈이다. 청년들이 프로그램을 손수 기획하는 등 캠프를 직접 준비하는 방식으로 참여한다. 성장기에 학교와 마을의 도움을 받은 것처럼 후배들에게 도움을 주려는 것이다. 후배들은 선배들의 조언이 많은 도움이 된다고 말한다.

송악면은 청소년 마을 배움터뿐만 아니라 놀장, 예술제, 문화제, 유아예술학교, 마을인생학교, 마을학당, 인문 강좌 등 연일 배움터가 열리는 '학습마을(learning village)'이다. 지난 10여 년간 교사들과 마을활동가들의 헌신과 노력이 있었기에 가능한 일이다. 농림부 지원으로 건립한 마을 커뮤니티 공간 '해유'가 특이점으로 기능한다. 민·관·학이 함께 모이는 '송악마을교육네트워크'는 매월 '해유'에서 마을교육 의제와 사업을 협의한다. '송악마을교육네트워크'는 기능적으로 마을교육 협의체의 역할을, 나아가 실행 기구의 역할까지 수행하고 있다.

온양5동 청소년 마을 배움터는 미술아트, 원예아트, 바리스타 프로그램을 운영한다. 2022년 10월에 신축한 행정복지센터를 이용하는데, 공간이 쾌적하다. 매주 토요일 3시간씩 6주간 운영한다. 프로그램당 18시간, 맛보기 경험으로는 충분하다. 진로를 고민하는 청소년들에게 얼마간 도움이 될 것

이다. 읽고 보는 것만으로는, 생각하고 상상하는 것만으로는 잘할 수 있는 일인지 알 수 없다. 직접 해 봐야 관심이 가는 일인지, 자기와 맞는 일인지, 잘할 수 있는 일인지 알 수 있다. 그런 점에서 온양5동의 운영 방식은 진로교육의 측면에서도 긍정적이다.

예산이 부족하다는 점이 아쉽다. 1,000만 원의 보조금으로는 청소년 마을 배움터를 지속적으로 운영하기 어렵다. 학생과 학부모의 요구에 맞게 프로그램을 다양화하기도 어렵다. 그럼에도 온양5동은 활기가 있다. 학교 담장 갤러리 조성, 청소년 자매도시 문화탐방, 독서노인 돕기, 청소년 문화 한마당 등 다양한 교육사업을 추진하고 있다. 주민자치회 관계자들이 교육사업에 열의가 있기에 가능한 일이다. 통상 주민자치회 관계자들은 교육사업에 그리 큰 비중을 두지 않는다. 그런 점에서 온양5동 주민자치회 임원들의 마인드는 높이 평가할 만하다.

앞서 언급했듯이 청소년 마을 배움터 운영은 보조금이 적은 사업이다. 그로 인해 배움터 교육사업을 일과성 행사로 운영하는 사례가 종종 있다. 물론 예산 부족 때문만은 아니다. 2년 차 사업인 만큼 교육사업에 대한 경험이 부족한 점도 사실이다. 게다가 읍면동별로 자원과 역량에 따라, 주민자치회 관계자들의 마인드에 따라 운영 방식이 다르다. 교육사업 운영 방식에 따라 읍면동 간의 격차가 커질 것이다. 읍면동 간에 교류와 협력이 필요하다고 본다. 아산마을교육네트워크가 이 같은 문제를 해결하는 에이전시(agency)가 되어야 하지 않을까.

청소년 마을 배움터를 방문하면서 새삼스럽게도 아산마을교육네트워크의 역할을 확인할 수 있었다. 공간 확보가 공통의 고민거리다. 단기적으로는 학교와 마을 곳곳에 있는 공간을 찾아 활용하는 방식이 현실적이다. 공간 마련은 예산이 필요하고 시간도 걸리기 때문이다. 물론 중장기적으로는 필요한 공간을 확보해야 할 것이다. 사업비 증액도 공통의 니즈(needs)다. 이와 함께 운영진의 헌신에 대한 보상이 없다는 점도 안타까운 일이다. 아산시 관계자들과 함께 보조금 증액, 사업수행 인건비 편성 등을 포함한 중장기 비전을 모색해야 할 것이다.

  추가하자면 교육사업 경험이 부족한 단위가 많다는 점에서는 컨설팅과 모니터링도 필요하다. 학교 관계자들의 관심과 협조가 중요하다. 순천시 '정담회' 사례에서 보듯 관과 학의 협력이 필요하다. 읍면동 단위에서는 '마을교육 네트워크'든 '마을교육자치회'든 학교와 마을의 협력체계가 필요하다. 청소년 마을 배움터 운영을 비롯한 마을의 교육사업은 협력체계를 구축하는 계기가 될 수 있다고 본다. 이렇듯 청소년 마을 배움터는 중장기 관점에서 자리매김이 필요한 사업이다. 읍면동 단위에서 작은 사례들을 만들어 가는 노력이 필요한 시기다.

2. 청소년 마을 배움터 사업의 과제

아산시는 2017년부터 '행복마을학교'와 '시민참여학교'를 운영해 왔다. 마을학교는 방과후 또는 주말에 운영하는 마을 배움터를 말한다. 마을주민들이 역사, 문화, 예술, 생태, 환경, 산업, 경제 등 지역의 자원을 활용하여 다양한 교육 프로그램을 운영한다. 그런 만큼 학생들에게 다양한 체험과 학습 기회를 제공할 수 있다. 학교와 다르게 시간, 장소, 내용 등을 유연하게 운영할 수 있다. 주로 비영리단체, 협동조합 등의 단체들이 마을학교를 운영해 왔다. 이렇듯 마을학교는 지역의 자원과 역량을 활용하여 학생들의 배움과 성장을 지원하는 교육 사업이다.

시민참여학교도 마을학교와 같은 맥락의 사업이다. 마을학교는 공모 사업이고, 시민참여학교는 직영으로 운영한다. (재)아산시청소년재단에서 연초에 시민 교사를 선발하고, 자격연수 과정을 거쳐 정식으로 위촉한다. 시민 교사들이 과학, 역사, 생태, 환경 등 다양한 교육 프로그램을 개발하고, 초등학생들을 대상으로 탐방형 수업을 진행한다. 아산생태곤충원, 장영실과학관, 충청남도교육청과학교육원, 고불맹사성기념관, 현충사, 영인산자연휴양림 등 지역의 교육자원을 활용한다. 이렇듯 지역의 자원과 역량을 학교 교육과 연결한다는 점에서 의미가 있다.

마을학교와 시민참여학교 사업은 시민의 교육 참여 기회 확대와 지역 교육력 제고에 기여했다. 소통과 협력 등 시민들의 역량 증진에도 중요한 역할을 했다고 본다. 달리 말하면, 관(官)의 사업이 주민 주도성(community agency)[19] 발현에 기여했다는 것이다. 최근 협력적 주도성(co-agency)을 강조하듯 학교와 마을의 협력이 중요하다. 주민들은 지역 교육력 제고와 지역사회의 발전을 위한 협력적 행위자(co-agent)라고 할 수 있다. 마을교육으로 연결되는 시민들 간의 소통과 협력은 지역 문제 해결과 공동체의 발전에 자산이 된다는 점에서 중요하다.

---

19 주민 주도성(community agency)은 지역사회의 구성원들이 공동체적 협력과 연대로 함께 문제를 해결하고, 변화를 만들어 가는 과정에서 주도적인 역할을 하는 것을 의미한다. 참고로 사회복지 분야에서는 주민 주도성을 'Citizen-Initiative'로 쓴다.

2022년 기초자치단체장 선거 후 변화가 있었다. 아산시장이 바뀌면서 '행복마을학교'를 '청소년 마을 배움터' 사업으로 변경한 것이다. '행복마을학교'와 '청소년 마을 배움터'는 학생들의 배움과 성장을 지원하는 '마을 배움터'라는 점에서 그리 다르지 않다. 문제는 읍면동 주민자치회에 공모하는 방식으로 달라졌다는 것이다. 그로 인해 2022년까지 6년간 마을학교를 운영해 온 마을단체들이 참여하지 못하게 되었다. 그동안 마을단체들이 축적한 경험과 성과가 전수되지 않고 사라졌다. 좌우를 가르는 정치적 계산 탓이다. 공모 대상을 주민자치회로 제한할 필요가 있을까. 주민자치회, 마을단체, 컨소시엄(consortium)으로 확대하는 것이 낫지 않을까.

정책 사업의 문제점이 잘 드러난 사례다. 그럼에도 송악면은 '청소년 마을 배움터' 사업을 어렵지 않게 흡수했다. 지난 10여 년간 혁신교육 운동과 '학습마을(learning village)' 조성 과정에서 경험과 역량을 축적해 왔기에 가능한 일이다. 온양5동 주민자치회 임원들은 교육사업에 열의가 있다. '청소년 마을 배움터'를 온양5동의 상황에 맞게 시작하고, 사업을 개선해 가고 있다. 참고로 기초자치단체장 선거 결과에 따른 정세 변화는 행복교육지구 2기 협약 파기, 교육경비 보조금 지원 중단과 축소, 송남중학교 방과후 아카데미 지원 중단 등으로 이어졌다.

대부분의 주민자치회는 '청소년 마을 배움터' 운영에 어려움을 겪었다. 교육사업에 대한 경험이 없고, 공간, 자원, 역량이 부족하기 때문이다. 2023년부터 2024년까지 2년간 '청소년 마을 배움터' 사업을 추진하는 과정에서 여러 가지 문제점이 드러났다. 교육사업 경험이 없어 일회성 체험과 이벤트 위주로 운영하는 사례가 많았다. 강사비를 노리는 단체와 손잡는 사례도 있었다. 심지어 보조금을 반납한 사례도 있었다. 이에 아산마을교육네트워크는 포럼을 열어 '청소년 마을 배움터' 운영 사례를 공유하고, 개선 과제에 대해 생각과 의견을 나눴다.

우선 '청소년 마을 배움터' 공간 확보는 공통의 고민거리다. 단기적으로는 학교와 마을 곳곳에 있는 공간을 찾아 활용하는 방식이 현실적이다. 공간 마련은 예산이 필요하고, 시간도 걸리기 때문이다. 권역별 커뮤니티센터, 읍면동 행정복지센터, 협동조합과 마을단체들의 사업장, 종합사회복지관 등 적합한 공간을 찾아 활용하는 것이 현실적이다. 물론 '청소년 마을 배움터'를 '마을학교' 수준으로 자리매김해 가기 위해서는 청소년들이 일상적으로 드나들 수 있는 공간이 필요하다. 즉 중장기적으로는 사업과 활동에 필요한 공간을 확보해야 한다고 본다.

지속적인 운영을 위한 보조금 증액도 공통의 요구다.

1,000만 원의 보조금으로는 '청소년 마을 배움터'를 지속적으로 운영할 수 없기 때문이다. 배움터 운영진의 헌신과 노력에 대한 보상이 없다는 점도 문제다. 민(民)의 열정과 헌신에 기대는 방식은 더 이상 지속 가능하지 않다. 아산시 사업 부서 관계자들과 보조금 증액, 사업 수행 인건비 편성을 협의해야 할 것이다. 통상적인 보조금 사업의 '예산편성 기준'을 보면, 상근직원 인건비는 편성할 수 없으나 사업 수행 인건비는 편성할 수 있다. 그럼에도 사업 수행 인건비를 편성한 사례가 없었다.

배움터 운영진 양성과 연수 시스템도 마련해야 한다. 시민참여 기회 확대, 마을 배움터 질 관리, 마을기반 교육 활성화 등을 위해서는 '시민참여학교'처럼 배움터 운영진 양성과 연수에 힘을 기울일 필요가 있다. 공간, 예산과 함께 운영 주체도 중요하기 때문이다. 배움터 사업 컨설팅과 모니터링만으로는 한계가 있다고 본다. '청소년 마을 배움터'를 종래의 '마을학교' 수준으로 자리매김해 가기 위해서는 마을교사들의 역량 강화를 위한 연수가 중요하다. 이와 관련해서는 완주군 교육통합지원센터 프로젝트팀 양성과 실행의 프로세스를 참고할 만하다.

배움터 운영진 혹은 마을교사 양성과 연수는 '청소년 마을 배움터' 사업의 사각(死角)지대에 놓여 있다. 마을교사의 자격을 문제 삼을 것이 아니라 역량 강화를 위한 지원을 선행해야 한다고 본다. 앞서 말했듯 읍면동 간 격차가 크게 벌어졌다. 격차를 상쇄하기 위해 경험과 노하우를 서로 나누며, 동반성장을 도모해야 할 것이다. 이와 함께 학교장과 교사들을 비롯한 학교 관계자들의 관심과 협조도 중요하다. '마을교육 네트워크'든 '마을교육자치회'든 읍면동 단위의 협력체계가 필요하다는 것이다. '마을 배움터'를 비롯한 교육사업 추진 과정에서 협력체계를 구축해 가야 할 것이다.

자치법규도 문제다. 아산시는 「아산시 마을교육공동체 활성화 지원에 관한 조례」(충청남도 아산시조례 제2254호, 2022.4.15., 제정)를 제정했다. 이 조례로도 '청소년 마을 배움터' 공간 확보, 보조금 증액, 역량 강화 등을 지원할 수 있다. 마을교육공동체 운영위원회 설치·운영, 마을교육공동체 지원센터 설치·운영에 관한 사항도 명시하고 있다. 그러나 광역·기초단체장 선거 등에 따른 정세 변동의 영향으로 '죽은 조례'로 전락했다. 아산시장의 마을교육 관련 정책이 조례에 역행하는 상황이었고, 그로 인해 사업 부서 관계자들도 소극 행정으로 일관했다.

추가하자면 「아산시 주민자치회 설치·운영에 관한 조례」(충청남도아산시조례 제2559호, 2024.12.16., 일부개정)도 있다. 이 조례를 보면, 주민자치회가 교육사업을 적극적으로 추진하기에는 한계가 있다. 물론 온양5동 주민자치회처럼 교육사업에 적극적인 사례도 있다. 그러나 대부분의 주민자치회는 교육사업에 그리 비중을 두지 않는다. '청소년 마을 배움터'는 주민자치회 사업이다. 조례 제5조 1항의 주민자치 업무 가운데 교육 관련 업무가 좀 더 분명하게 드러나도록 개정하는 것도 하나의 방법일 것이다. 그러나 각자 사업을 추진하느라 여력이 없는 탓인지 자치법규 개정이나 제도적 기반 마련에 목소리를 내는 경우가 드문 것이 현실이다.

지역 소멸의 시대임에도 아산시는 출생아와 외국인 인구가 증가하는 상황이다. 물론 서북부 농촌지역과 원도심의 인구는 감소하고 있다. 학령인구가 감소하든 증가하든 학생들이 행동하는 시민으로 성장하도록 돕는 일은 중요하다. '청소년 마을 배움터'는 청소년들의 배움과 성장을 지원하는 중요한 자산이다. 청소년들이 관심과 필요에 따라 참여·분유(participation)하고, 시민들도 소통과 협력의 과정에서 함께 성장할 수 있는 교육 커먼즈(commons)[20]로 만들어 가야 할 것이다.

---

[20] 커먼즈는 commons를 음역한 것으로, "우리가 다른 사람들과 무언가를 함께하는 활동 속에서 만들어지고/나뉘는 것, 혹은 그러한 관계"를 뜻한다. 흔히 '공유지', '공유재', '공동자원' 등으로 옮겨 쓰나 이는 commons를 공동체의 구성원들이 정한 규칙이나 규범에 따라 공동으로 이용하고 관리하는 자원이나 시스템으로 오인하기 쉽다. 한디디, 『커먼즈란 무엇인가』,

아산시 관계자들이 마을활동가들과 배움터 운영진들의 피드백에 귀 기울이길 바란다.

빨간소금, 2024, 14~20쪽 참조.

3. 아산 마을교육의 과제

　혁신교육지구 정책과 사업이 후퇴하거나 퇴행하고 있다. 2022년 대선, 시도 교육감 선거, 기초자치단체장 선거, 2024년 광역자치단체장 선거 결과에 따른 정세 변동의 영향 탓이다. 관의 혁신교육지구 정책과 사업의 퇴행과 후퇴가 마을교육공동체 운동의 열기에 찬물을 끼얹은 것이다. 지역에 따라 편차가 있으나 관·관 협력을 기대하기 어렵고, 민·관·학 교육 거버넌스도 가동하기 어려운 상황이다. 이 같은 상황에서도 충남 지역은 2023년 11월 광역 단위 마을교육공동체포럼을 창립하여 운영해 왔다. 그렇다고 타 시도와 상황이 크게 다른 것은 아니다.

　아산의 상황도 여의치 않다. 아산시장이 2023년 1월에 행복교육지구 2기 협약을 일방적으로 파기했다. 관·관 협력을 중단한 것이다. 교육경비 지원을 대폭 축소하고 행복교육지구 예산은 아예 지원을 중단했다. 이렇듯 관·관 협력을 기대하기 어렵고, '마을교육공동체 활성화 지원에 관한 조례'도 유명무실한 상황이다. 당연한 귀결로 마을활동가들이 마을교육의 대열에서 이탈하고 있다. 마을교육공동체 운동의 성과도, 협력이나 연대와 같은 무형의 자산도 사라지는 상황이다. 좌우를 가르는 프레임 탓이다. 이 같은 프레임 속에서 민은 무력할 수밖에 없다.

아산은 이 같은 상황을 타개하기 위해 2023년 11월에 시 단위 마을교육 네트워크(이하 '아마넷')를 발족했다. 민이 마을교육의 대열에서 이탈하는 어려운 시기에 연결망을 구축한 것이다. 아마넷은 포럼, 배움자리, 선진지 탐방, 협의회 등 연 12회 모임을 연다. 임원진이 사업과 활동을 추진하고, 교육지원청이 지원한다. 앞서 말했듯 기초자치단체장 선거에 따른 정세 변동으로, 그에 따른 민의 이탈로 자리 잡기가 쉽지 않았다. 그럼에도 2025년 1월 현재까지 열다섯 차례 모임을 가졌다. 마을교육 의제를 공론화하고, 민·관·학의 소통과 협력을 증진해 가고 있다.

2025년 4월에 아산시장 재선거가 치러진다. 아마넷은 선거를 앞두고, 아산시장 후보 간담회를 준비하고 있다. 마을교육 현안과 과제에 대한 의견을 듣고, 후보들의 정책을 검토하려는 것이다. 주민들의 의견을 수렴하여 정책과 과제도 제안

할 계획이다. 이를 위해 간담회 준비팀을 가동하고 있다. 4월 선거 이후에 지자체의 정책에 변화가 있을 것으로 기대한다. 다시 협약을 맺고, 협력체제를 구축해 가야 할 것이다. 지자체와 교육지원청의 마을교육 담당자들이 만나는 '실무협의회'를 가동하고, 양 기관장이 참석하는 '지역교육협의회'도 구성해야 할 것이다.

이렇듯 2025년은 관-관, 민-관 협력 재구축기다. 2026년을 보고 긴 호흡으로 가는 것이다. 기초자치단체장 재선거 이후 민·관·학이 함께 아산 마을교육의 현안과 과제를 논의하면서 행복교육지구 2기 재협약을 추진해야 할 것이다. 순천시 정담회 사례에서 보듯이 민의 역할과 함께 관의 동참이 중요하다고 본다. 민·관·학이 함께하려면 아마넷에 지자체와 교육지원청의 담당자들이 참여해야 한다는 것이다. 충남은 8년이 지났다. 그럼에도 민은 여전히 관이 시행하는 정책의 '대상' 혹은 '관객'에 머물고 있다. 심지어는 관의 정책을 모르는 경우가 다반사다.

가령 2024년에 시작한 교육발전특구[21] 사업이 그렇다. 충

---

21 교육부 지정으로 지자체, 교육청, 대학, 지역 기업, 지역 공공기관 등이 협력하여 지역교육 혁신과 지역인재 양성 및 정주를 종합적으로 지원하는 체제를 구축하는 지역을 말한다. 현 정부가 지방시대를 여는 핵심 정책으로 추진하는 4대 특구(교육발전특구, 기회발전특구, 도심융합특구, 문화

남은 4개 시군(서산시, 아산시, 공주시, 금산군)이 교육발전특구를 운영하고 있다. 사업을 시작한 지 1년이 되었음에도 민은 관의 정책과 사업을 전혀 모르는 경우가 대부분이다. 지자체와 교육지원청이 관-관 사업으로 추진한 탓이다. 교육발전특구는 3년간 100억 원을 투자하는 사업이다. 민·관·학이 함께 지역교육의 중장기 비전과 과제를 논의한 적이 있었던가? 지자체와 교육지원청이 일과 예산을 분담하고, 기존의 정부 보조금 사업의 관행을 그대로 답습하고 있다. 이렇듯 민이 배제되어 있다는 것이다.

아산은 늘봄, 다문화, 디지털 전환, 국제교류 등 다양한 분야의 사업을 추진한다. 이렇듯 지역의 청소년들과 주민들의 삶에 영향을 미치는 사업임에도 추진 과정에서 민이 아예 배제되어 있다. 기초지자체의 정책과 사업의 목표는 지역민의 삶의 질 향상이 아닌가. 정책과 사업에 영향받는 당사자들은 주체로 참여할 수 없는 것인가. 이런 식의 사업으로 무엇을 자산으로 남길 수 있을까. 지역주민의 역량을 발굴하고, 민·관과 주민들 간의 관계를 구축하는 것이 중요하다. 관·관 보조금 사업의 관행을 넘어 민이 함께하는 교육 모델을 만들어 가야 한다고 생각한다.

특구) 가운데 하나다.

더 이상 미룰 일이 아니다. 늦었지만, 기초단위 교육자치의 관점에서 접근할 필요가 있다. 그런 맥락에서 아마넷은 '아산시 교육발전특구의 비전과 과제'를 주제로 포럼을 개최할 예정이다. 아산시 교육발전특구의 비전과 과제, 민·관과 주민들 간의 관계 구축을 위한 정책, 지역 기반 교육 모델 창출, 예산 지원 방안 등을 민·관·학이 함께 논의해 가야 한다고 본다. 민·관·학의 소통과 협력이 중요하다. 민·관·학이 함께 설계-실행-평가하는 지역교육 발전의 기회로 만들어 가야 한다고 생각하는 것이다. 대학이나 기업과도 공동 협력체제를 구축할 수 있는 기회이기도 하다.

민의 역할이 중요하다. 때를 기다리기만 할 일이 아니다. 정책과 사업의 '대상' 혹은 '관객'에서 정책과 사업의 기획과 실행의 주체로 동참해야 한다. 물론 관의 사업 부서 담당자들의 마인드와 적극적인 행·재정 지원이 중요하다. 마침 아산은 읍면동 주민자치회에서 '청소년 마을배움터'를 운영하고 있다. 2024년 10월 아산마을교육포럼에서 확인했듯 배움터 공간 확보, 보조금 증액, 학교의 협력, 운영진 역량 강화, 관련 조례 정비 등 개선이 필요한 사업이다. '청소년 마을배움터'를 거점으로 읍면동 단위에서부터 상향식 자치를 실현해 가야 할 것이다.

학교의 관심과 협력도 중요하다. 그러나 현재로서는 학교가 '마을 속의 학교'로 자리 잡기에는 한계가 있다. 교원들이 5년 만기 순환 전보로 학교를 옮기기 때문에 지역에 관심을 두기 어렵다는 것이다. 이러한 상황에서 '마을 속의 학교'는 요원한 일이다. 그런 점에서는 한 학교에서 오랫동안 근무할 수 있도록 인사 특례 제도를 도입할 필요가 있다고 본다. 교육발전특구는 교원 인사 특례 제도를 실험하는 기회가 될 수 있지 않을까. 교육공무원법 개정이 필요하다. 법적 근거를 마련해야 '지역 없는 학교'에서 '지역 속의 학교'로 달라질 수 있을 것이다.

학교와 마을이 함께하려면, 읍면동 단위 마을교육 협의체 구축도 중요하다. 교육자치회든 네트워크든 구성원들의 니즈와 요구를 반영하여 교육사업을 설계-실행-평가할 수 있는 단위가 필요하다는 것이다. 읍면동 단위 민·관·학의 협력을 증진하고, 공동의 문제를 적합한 시기에 해결할 수 있을 것이다. 개별적·분산적으로 접근하는 방식을 넘어 종합적·체계적 접근도 가능하다. 마을 배움터, 마을 축제, 마을 돌봄, 방과후 활동, 마을 교육과정, 평생학습, 각종 시설과 인프라 구축 등 다양한 사업을 논의할 수 있다. 그러자면 관의 적극적인 행·재정 지원이 중요하다.

아산시는 도시 개발에 특히 치중한 행정이 눈에 보인다. 정책과 사업을 일방적으로 결정한다는 점에서는 주민들과의 소통도 부족하다고 본다. '이순신 축제'에서 보듯 가시적 성과에 치중한 과도한 예산 집행도 문제다. 장기 비전과 지속 가능성을 고려해야 한다. 인구가 증가하는 만큼 도시 개발도 필요하지만, 교육에 대한 투자도 중요하다는 것이다. 마을교육은 지역사회의 미래에 대한 투자다. 마을교육으로 연결되는 주민들 간의 관계와 소통, 협력과 연대는 지역 문제 해결과 공동체의 발전에도 중요한 자산이 될 것이다. 그러므로 마을교육에 대한 투자 확대가 필요하다.

4. 민은 관객인가, 파트너인가

아산은 2025년 올해 행복교육지구 9년 차다. 2기 도중에 곡절이 있었다. 2023년 1월 19일 국민의힘 소속 박경귀 전 아산시장이 2기 협약을 일방적으로 파기한 것이다. 행복교육지구 교육경비 지원을 중단했고, 관·관 협의체 운영도 중단했다. 충남 지역 15개 시군 가운데 행복교육지구 협약을 중도 파기한 사례는 아산이 유일하다. 2024년 10월 8일 박경귀 전 아산시장은 공직선거법 위반으로 벌금 1,500만 원의 당선 무효형이 확정되어 시장직을 상실했다. 대법원 판결이다. 2025년 4월 2일 아산시장 재선거를 치렀고, 더불어민주당 오세현 후보가 당선됐다.

현 아산시장은 '마을교육 활성화'를 공약했고, 전임 시장이 파기한 행복교육지구 2기 협약을 복원하겠다고 공표했다. 이에 아산은 행복교육지구 2기 협약 복원을 준비하고 있다. 충남교육청은 행복교육지구 2기를 교육감, 기초자치단체장, 지역교육지원청 교육장 간의 협약으로 추진해 왔다. 즉 민은 협약의 주체가 아니었다. 2기 잔여기간 협약 복원을 앞두고 민·관 협약을 제안했다. 아산 지역 마을교육 관계자들이 활동하는 '아산마을교육네트워크'를 협약 주체로 포함하자는 것이다. 충남교육청은 제안에 공감하지만, 민을 포함하는 것은 곤란하다고 답했다.

아산교육지원청은 아산마을교육네트워크가 협약의 주체로 참여하는 것을 긍정적으로 보는 입장이다. 아산시에도 제안했다. 아산마을교육네트워크 '온마을'은 2023년 11월에 출범했고, 민·관·학 교육 거버넌스를 지향하는 단체로 발돋움해 왔다. 2025년 5월 현재까지 열아홉 차례 모임을 가졌다. 지난 1년 6개월간 지역교육 의제를 공론화하고, 민·관·학의 소통과 협력 증진에 노력을 기울여 왔다. 지난 2월에는 아산시장 재선거를 앞두고 시장 후보자들을 만났다. 후보자 간담회를 통해 마을교육 정책과 과제를 제안하고, 행복교육지구 2기 협약 복원 공약을 받아내기도 했다.

물론 협약은 또 다른 문제다. 행복교육지구 협약에 민이 참여하는 것은 종래의 관·관 협약을 넘어서는 방식이다. 충남교육청 담당 부서에서 여러 측면을 검토했을 것이다. 타 시군과의 형평성 등을 고려했다고 한다. 충남교육청 담당 부서의 판단을 존중한다. 충남교육청은 2017년부터 행복교육지구 정책사업을 지속해 왔다. 민의 사업과 활동에 대해 지원하는 데도 적극적이었다. 그런 점에서는 민을 협약 주체로 포함하기 어렵다는 답변만으로 충남교육청이 민을 대상으로 본다고 말할 수는 없다. 다만 납득할 만한 이유가 아니라는 점에서 아쉬움을 지울 수 없다.

민·관 협약은 충청남도교육청 마을교육공동체 활성화 지원에 관한 조례(제5731호, 이하 "마을교육공동체 지원 조례")에 어긋나는 것이 아니다. 마을교육공동체 지원 조례 제2조 ②항에서 보듯 충남행복교육지구는 지역사회의 지속 가능한 상생의 교육생태계 조성을 목적으로 한다. 이를 위해 지역민과 학교가 협력하여 공교육 혁신과 마을교육공동체 만들기를 추진하는 지역이다.[22] 마을교육공동체 지원 조례는 행복교육지구가 '지역민과 학교가 협력'하여 사업을 추진하는 곳임을 명시하고 있다. 아산마을교육네트워크는 지역민들이 자발적으로 참여하는 지역교육 거버넌스의 주체로 볼 수 있다. 따라서 아산마을교육네트워크가 협약의 주체로 참여하는 것은 마을교

---

22 충청남도교육청, 「충청남도교육청 마을교육공동체 활성화 지원에 관한 조례」(충청남도조례 제5731호, 2024년 9월 20일 시행), https://law.go.kr. (접속일: 2025년 5월 8일)

육공동체 지원 조례가 지향하는 지역사회 협력의 정신에 부합한다고 볼 수 있다.

아산마을교육네트워크는 지역의 자원과 역량을 발굴하는 등 지속 가능한 지역교육 생태계 조성에 중요한 역할을 담당하고 있다. 그런 점에서 아산마을교육네트워크의 참여는 협약의 실행력과 효과를 높이는 데 기여할 것으로 본다. 마을교육공동체 지원 조례는 충청남도 교육감과 지방자치단체장을 행·재정을 지원하는 주체로 명시하고 있다. 이는 행복교육지구 운영과 관련한 공식적인 행·재정의 책임을 교육감과 지방자치단체장에게 부여하는 것이다. 아산마을교육네트워크가 협약의 주체로 참여하는 것은 이들의 행·재정적 권한을 침해하거나 부담을 가중하는 것이 아니다. 협력과 사업 추진의 중요한 파트너로서 역할을 좀 더 명확히 하는 것이다.

아산마을교육네트워크 대표가 행복교육지구 2기 협약의 주체로 참여하는 것은 학교와 지역사회의 협력 강화, 실질적인 교육생태계 조성 촉진 등 협약의 실행력을 제고하는 긍정적인 시도가 될 수 있다. 이는 충남행복교육지구 2기의 관·관 협약에서 더 진전한 방식이기도 하다. 마을교육공동체 지원 조례에 어긋나기는커녕 오히려 마을교육공동체 지원 조례의 취지에 더 부합한다. 게다가 마을교육공동체 지원 조례가 강조하는 지역사회와의 협력을 더 구체화하는 방안으로 볼 수 있다. 지역 교육력 제고는 관과 민이 힘과 지혜를 모아야 가능한 일이다. 타 시군과 형평이 맞지 않는다거나 관의 행·재정 부담 등을 이유로 민을 배제해도 되는 것일까.

물론 관과 민은 포지션과 역할이 다르다. 그런 차이가 갈등을 낳을 수도 있다. 그런 만큼 관과 민은 협약 주체와 관련한 제안을 검토하는 투시법이 다를 수 있다. 그렇다고 그것이 민을 협약의 주체로 받아들이지 못하는 이유가 될 수 없다. 새로운 도전은 불안을 동반하지만, 변화와 성장의 기회가 될 수 있다. 민이 협약 주체로 참여하는 것이 부담스럽다면, 협약서 작성 시 관과 민의 포지션에 맞게 역할과 책임을 구체적으로 명시하면 될 일이다. 그렇게 하면 협약의 효력과 이행 과정에서의 혼란을 줄일 수 있다. 가령 교육감과 지방자치단체장은 행·재정 지원의 주체로 명시하고, 민은 사업 추진과 운영의 공동 주체로 포함하는 방식으로 설정하면 될 것이다.

민은 관의 관객인가, 파트너인가. 민은 여전히 관이 추진하는 정책 사업의 대상인가. 앞서 언급했듯 민과 관은 포지션과 역할이 다르다. 관이 민의 사업과 활동을 지원하고, 민을 학교와 연결하는 포지션이라면, 민은 학생들의 배움과 성장을 돕는 마을교육과 지역교육 생태계를 만들어 가는 활동의 공동 주체다. 민간단체를 관의 정책 사업 추진을 위한 하부 단위나 보조 수단으로 보게 되면, 민간단체가 관 주도의 거버넌스 가동을 위한 기능적 도구로 전락하는 결과를 초래할 수 있다. 즉 관의 사업과 행정의 하부 단위처럼 기능할 수밖에 없다는 것이다.

물론 관에서 추진하는 정책사업인 만큼 관 중심의 운영을 벗어나기 쉽지 않다. 그러나 마을 기반 교육과정, 마을 교과서 개발, 마을교육 협의체, 마을학교, 상상마을교실, 마을 방과후돌봄, 마을 교육자원 발굴, 마을교육포럼 등 그 어떤 사업도 민의 협력 없이는 추진하기 어렵다. 복수의 주체들이 서로의 자원과 역량을 활용하여 공동의 목표를 달성하는 것이 협력이다. 협력적 파트너십은 주체들 간의 상호 신뢰가 필수다. 민을 관객으로 보거나 대상화하는 방식으로는 협력적 파트너십도, 관에 대한 신뢰도 기대하기 어렵다. 마을교육자치 실현도 요원한 일일 것이다. 민에게 수동적인 포지션을 할당하는 방식으로는 민의 참여와 역할을 기대하기 어렵다.

관의 행정의 관행과 습속을 들여다보면, 관은 정책과 사업을 설계하고, 민에는 실행의 포지션과 역할을 할당해 왔다. 관이 '설계'의 포지션을 독점해 왔다는 것이다. 이를 해리 브레이버맨(1920~1976) 식으로 표현하자면 '구상과 실행의 분리'[23]라고 해도 틀린 말은 아닐 것이다. '구상(conception)'과 '실

---

[23] 해리 브레이버맨, 『노동과 독점자본: 20세기에서의 노동의 쇠퇴』, 이

행(execution)'을 구별 짓는 배치는 민의 참여와 활동의 증진으로 이어지는 것이 아니라 활동의 질 저하와 소외를 심화시킬 수 있다. 그와 같은 경사진 포지션으로 인해 관과 민은 불신과 갈등을 겪기도 한다. 관과 민은 포지션에 따라 권한과 역할이 다를 수 있으나 마을교육공동체 사업과 활동은 설계-실행-평가의 전 과정에서 긴밀한 공조가 필요하다.

행복교육지구 1기는 공교육 혁신에 초점을 두고, 교육지원청 주도로 운영해 왔다. 1기 중반부터 학교에서 지역사회로, 정책 사업에서 마을교육공동체 운동으로 확장하는 양상을 보였다. 그 과정에서 민의 성장세가 두드러지게 나타났다. 2기는 기초지자체 주도로, 학교와 마을이 함께하는 마을교육자치로 방향을 전환했다. 관이 정책 사업으로 민을 교육 현장으로 불러냈고, 민의 헌신과 노력에 기대어 사업을 추진해 왔다. 민의 참여와 역할을 제한할 일이 아니다. 행복교육지구 사업은 협력적 파트너십이 중요하다. 행복교육지구든 이름을 달리하든 연속성 있게 3기 정책 사업을 추진하게 된다면, 민이 동등한 주체로 협약에 참여할 수 있게 되길 바란다.

한주·강남훈 옮김, 까치, 1989.

5. 신뢰, 저 너머 어딘가에 있을까

 충남교육청은 2017년에 행복교육지구 사업을 본격적으로 시작했다. 교육지원청을 옮겨 마을교육공동체 구축 사업을 하고 있다. 하고 싶어서 한 것은 아니고, 업무가 그렇게 왔다. 처음 3년간은 의욕이 있었다. 어쩌면 과했다고 말하는 게 좀 더 정확할 것이다. 일하면서 기초지자체 공무원들을 자주 만났다. 초기에는 관·관 거버넌스를 가동하는 방식으로 일했으니까. 무엇보다 기초지자체의 예산 투자가 중요했기 때문이다.
 기초지자체 공무원들을 만나면 '공무원스럽다'는 생각이 들었다. 그들은 행정이 우선이었고, 민과 교육지원청에 대한 신뢰가 없었다. 기초지자체의 행정은 무척 까다로웠다. 그로 인해 늘 갈등했고, 민은 불만이 많았다. 기초지자체 공무원들의 마인드는 외부자의 노력으로 바꿀 수 있는 게 아니었다. 그런 까닭일까. '공무원답게' 일하자고 다짐했었다. 그런 마음가짐 때문이었을까. 민과는 대체로 좋은 관계를 유지했다.

앞에서 '공무원스럽다'와 '공무원답다'는 표현을 썼는데, '~답다'와 '~스럽다'는 일부 명사 뒤에 붙어 어떤 성질이나 특성을 나타내는 접미사다. 용법이 유사하나 차이도 좀 있다. '~답다'가 어떤 대상에 대한 긍정을 나타낸다면, '~스럽다'는 부정을 나타낸다. 즉 상반된 의미로 쓰인다. 공무원들의 행정과 마인드에 대한 긍정과 부정의 시선을 나타내기 위해 사용한 표현이다. 주관보다는 사회적 시선을 말하는 것이다.

현재 일하고 있는 아산교육지원청에서는 2023년 한 해 동안 '마을교육자치와 교육 거버넌스'를 주제로 일관성 있게 포럼을 운영했고, 2023년 11월에 시 단위 마을교육 네트워크가 출범했다. 임원진을 구성했고, 월 1회 정기 모임을 하고 있다. 그런데 몇 개월이 지났음에도 참여자 중에는 마을교육 네트워크가 무슨 일을 하는 조직인지 모르겠다고 말하는 이들이 있다. 그런 만큼 2024년 한 해 동안 자리매김이 중요하다고 확신한다.

아산마을교육네트워크는 각자의 거처에서 활동하는 에이전트(agent) 혹은 클라이언트(client)들의 연결망이다. 앞서 말한 대로 클라이언트란 각자의 거처에서 활동하는 행위자 혹은 의뢰인을 지칭한다. 에이전시(agency)는 클라이언트들이 필요로 하는 솔루션을 제공하거나 특정 업무를 대행하는 조직을 말한다. 추가하자면 해당 분야의 전문성과 경험을 바탕으로 클라이언트들의 니즈(needs)를 해결하고, 성과를 달성하도록 돕는 조직이다.

그런 맥락에서 마을교육 네트워크를 일종의 에이전시라고 해도 틀리는 말은 아닐 것이다. 함께하는 민·관·학의 관계자, 즉 복수의 에이전트들의 집합이다. 참고로 아산마을교육네트워크는 아산의 교육 거버넌스를 지향한다. 마을교육 네트워크가 에이전트 혹은 클라이언트들의 니즈를 해결하는 역할을 할 수 있을까? 물론 관의 사업 부서나 중간지원조직과는 다르다는 점에서 에이전시 역할을 수행하기에는 한계가 있다.

그럼에도 관 주도의 관치(官治)와는 다르게 민·관·학 관계자들 간의 소통과 협력 증진, 지역교육 의제 논의, 정책과 사업 제안 등의 기능을 수행할 수 있다고 본다. 당연하게도 민·관·학은 포지션이 다르다. 그로 인해 자기 시야의 사각(死角)과 무지(無知)에서 벗어나기가 쉽지 않다. 한편으로는 다른 주체들이 보지 못하는 측면을 보기도 한다. 그런 까닭에 함께 소통하고 협력하는 공동 주도성(co-agency)이 중요한 게 아닐까.

그런데 요즘 민을 만나면 '민스럽다'는 생각을 지울 수 없다. 신뢰가 부족한 탓일까. 민을 만날수록 다운되는 느낌을 벗어나기 어렵다. 아이러니하게도 기초지자체 공무원들의 행정이 까다로운 이유를 얼마간 공감하게 되었달까. 어쩌면 나의 시선이 '공무원스럽게' 변한 것인지도 모르겠다. 이제는 내가 타 기관과 민에게 스트레스를 주던 '그'가 된 것인지도 모르겠다. 때문에 민에게는 내가 '관스럽게' 보일 수도 있다.

스피노자의 개념을 빌리자면, 민과 함께할 때 '기쁨의 감응'이 없다. 상승의 쾌감 혹은 연대의 쾌감을 느끼기 어렵다는 것이다. 그동안 필요 이상으로 온갖 일 처리를 자처했기 때문인지도 모르겠다. 때문에 민은 자기 역할을 찾지 못했던 것이고, 그런 상황으로 인해 심연으로 가라앉는지도 모르겠다. 이 같은 주관적인 느낌이 중요한 것은 아니다. 마을교육 네트워크는 자기 속도로 보이지 않게 성장해 가고 있으니까.

마을교육 네트워크는 지역교육의 성장과 지역사회의 발전에 필요한 사회적 자본(social capital)의 기반이다. 마을교육 네트워크뿐만 아니라 각종 네트워크 일반이 그렇다. 네트워크 혹은 거버넌스를 가동하려면, 신뢰와 협력 같은 무형의 자산이 중요하다. 그게 쉽지 않다는 게 문제다. 이제 시작인데 성급한 것일까. 신뢰 관계는 충분한 시간과 노력으로 쌓아가야 할 것이다. 신뢰 관계는 점진적으로 구축되는 것이므로.

민·관·학의 관계자들이 함께 지역교육 의제와 지역교육의 미래에 대해 오랜 시간 생각과 의견, 힘과 지혜를 모으는 게 중요하다는 걸 모르지 않는다. 그런데 다들 바쁘다. 루이스 캐럴의 『이상한 나라의 앨리스』에 나오는 토끼처럼 시간에

쫓긴다. 신뢰 관계 구축이 고민이다. 신뢰는 어디서 오는 걸까. 개인과 조직의 정직성, 투명성, 진실성, 일관성, 전문성, 역량, 공감과 존중 등 다양한 요건을 열거할 수 있을 것이다.

그것이 전부는 아니다. 민 중심 네트워크가 관의 정책과 사업에 대한 영향력이 없으면 의미 찾기가 어렵다. 에이전트들이 기대할 게 없으니까. 관이 민의 제안을 정책에 반영하고, 사업으로 구체화하는 모습을 볼 수 없으면 네트워크의 유효성은 반감될 수밖에 없는 것이다. 비전과 과제를 점검하고, 실행 방안을 구체화하여 관의 관계자들을 불러내려는 노력이 필요하다. 쉽지 않은 일임에도 관과 접속하려는 노력이 중요하다.

나는 우울할 때 가끔 이즈라엘 카마카위올레(Israel Ka'ano'i Kamakawiwo'ole)가 부르는 'Somewhere over the Rainbow'를 듣는다. '지금-여기'를 벗어나고 싶은 탓일까. 일하다 보면, 욕(欲)에 심(心)이 달라붙기 마련이다. 욕(欲)에 마음(心)이 더해지면 집착이 생기게 되고. 집착은 다시 애증의 소용돌이 속으로 휘말려 들게 한다. '가깝고도 먼' 민에게 눈 감지 않기를 기도한다. 상황의 모호함을 좀 더 견뎌야 할 것 같다.

19세기 영국 소설가 새뮤얼 버틀러(Samuel Butler)의 『에레혼(Erehwon)』(1872)이 떠오른다. 'Erehwon'은 'No Where'를 거꾸로 배열한 것이다. 어디에도 없다는 뜻이다. 이를 'Now Here'

로 읽으면, '지금-여기'라는 뜻이 된다. 이렇듯 'Erehwon'은 유토피아가 없을 수도 있지만, '지금-여기'가 유토피아일 수 있다는 역설을 보여준다. '신뢰'라는 '파랑새'도 그와 같은 것이 아닐까. 아직은 '신뢰'라는 '파랑새'를 찾을 수 없는지도 모른다. 어쩌면 '지금-여기'에 있는 '파랑새'가 보이지 않는 것일지도 모르겠다.

3부
공동체적 실천과 성장

코로나19 시기는 이음매가 어긋난 시간이었다. 수업 혁신과 관련한 담론 개진의 열기가 사라지고, 종래의 실험적이고 도전적인 수업 실천도 위축됐다. 한편으로는 전환의 기점(turning point)이기도 했다. 에듀테크(Edu-tech)가 새롭게 부상했고, 교육계는 '교육의 디지털 전환'을 미래 교육의 주요 과제로 설정했다. 물론 에듀테크와 AI는 디지털 시대 수업의 유용한 도구가 될 수 있다. 그럼에도 철학과 방향을 실종한 맹목과 쏠림 현상은 경계할 필요가 있다.

교사의 수업 전문성 혹은 수업 능력은 경력에 비례하지 않는다. 새로운 교육 이론과 과학기술의 성과 등이 교육환경에 기입되기 때문이다. 이 같은 변화가 수업 패러다임과 시선의 변화를 동반하기 때문이다. 그런 맥락에서 교사는 학습하는 전문가(professional learner)가 되어야 한다고 본다. 이음매가 어긋난 시간을 돌아보고, 혁신의 서사를 이어가야 할 것이다. '따로 또 같이' 수업 혁신을 위한 공동체적 실천의 체제를 다시 가동해야 할 것이다.

1. 이음매가 어긋난 시간

핑계 없는 무덤은 없다고, 코로나19 팬데믹을 이야기하지 않을 수 없다. 학교 현장은 코로나19로 3년간 몸살을 앓았다. 코로나19 확산세에 따라 원격수업과 대면 전환을 반복했다. 관리와 방어 위주의 행정, 진도 체크와 출석 확인을 크게 넘어설 수 없었다. 코로나19 상황에 대한 적응과 교육 방식의 전환을 위해 힘과 지혜를 모았으나 마땅한 해법을 찾아내기는 어려웠다. 혼돈의 시간이었고, 피로가 쌓였다. 유년기와 청소년기의 배움과 돌봄, 관계와 성장을 돕는 학교의 역할을 제대로 수행할 수 없었다.

개별 단위에서 수업 연구회도, 학습공동체도 가동하기 어려운 상황이었다. 코로나19 장기화로 수업 혁신을 위한 공동체적 실천이 무너져 내린 것이다. 교사들의 개인주의 문화가 자라났고, 교실이 다시 닫혔다. 개인주의가 심화했다고 말하는 게 정확할지도 모르겠다. 유독 학교만 그런 것은 아니다. 공동체성의 약화와 개인주의의 심화는 일반적으로 나타나는 사회 현상이다. 사회 문화적 환경의 변화가 라이프 스타일의 변화를 동반하기 때문이다. 그런 점에서 개인주의의 심화는 자연스러운 현상이다.

당연한 귀결로 수업 혁신과 관련한 담론 개진의 열기가 사라졌고, 실험적이고 도전적인 대면 실천도 소멸했다. 코로나19의 기세가 꺾이고, 학교 현장에서는 혁신의 체제를 다시 가동하기 시작하는 듯했다. 그러나 코로나19가 학교 현장에 남긴 상처는 좀처럼 회복되지 않았다. 게다가 2023년 7월 서이초 사태가 발생했고, 된서리가 덮이는 상황이 잇따랐다. 그렇듯 학부모들의 '내 아이 지상주의'로 인해 학교 현장의 상처가 덧났다. 이 같은 상황에서 학교 현장에 공동체성 회복을 주문할 수 있을까.

2022년 대선과 시도 교육감 선거 결과에 따른 정세 변동의 영향도 컸다. 교육 당국은 새로운 비전과 정책도 없이 혁신교육 지우기에 골몰하고 있다. 시도교육청의 교육정책도 크게 다르지 않다. 현상 유지와 관리 위주로 후퇴하거나 혁신교육 이전의 상황으로 퇴행하고 있다. 가령 충남교육청은 2023년 14개 교육지원청 주관으로 계획에도 없던 '온수업 한마당'을 개최하도록 했다. 누구를 위한, 무엇을 위한 동원인지 의도를 알 수 없던 행사였다. 불쾌하게 들리겠지만 정치판의 선거와 다를 바 없는 행사였다.

물론 노력이 없었던 것은 아니다. 교사들은 학생들의 배움과 성장을 돕기 위해 온라인 서비스와 도구들을 활용하는 방식을 찾았고, 경험과 사례를 공유하며 위기에 대응했다. 그러면서 원격과 대면을 넘나드는 감각을 익혔고, 수업과 콘텐츠 활용 방식을 다양화했다. 자연스럽게 에듀테크(Edu-tech)가 새롭게 부상했고, 교육계는 '교육의 디지털 전환'을 미래 교육의 주요 과제로 설정했다. 가령 충남교육청은 '마주온' 같은 미래교육 통합플랫폼을 개통했고, 에듀테크와 AI 활용 교육으로 방향을 선회했다.

이렇듯 코로나19 시대는 교육의 방향을 선회하는 변곡점이었다. 즉 에듀테크가 미래 교육의 키워드로 떠오른 것이다. 에듀테크는 교육의 효과를 높일 수 있는 강력한 도구다. 교사들은 다양한 콘텐츠를 활용하여 수업을 설계-실행할 수 있고, 학생들은 온라인 플랫폼을 활용하여 학습 콘텐츠에 접근할 수 있다. 데이터와 알고리즘을 기반으로 학생들에게 개별 맞춤형 학습과 실시간 피드백도 제공할 수 있다. 데이터 기반 학습관리 시스템으로 교사들이 학생의 상황에 맞게 개입할 수 있다는 점도 강점이다.

문제가 없는 것은 아니다. 학생-학생, 학생-교사 간의 협업과 상호작용이 제한적이며, 기능이 강력한 만큼 오용하거나 악용하는 사례도 발생한다. 인터넷 연결과 도구 사용을 비롯한 기술적인 문제가 생길 수 있으며, 에듀테크에 의존하는 경향도 보인다. 그런 점에서는 에듀테크가 "얕은 배움에는 효과적이지만 그 정보나 지식을 활용하여 사고하고 탐색하는 깊이 있는 배움에는 한계가 있"으며, "배움을 개인화하여 협동적 배움을 방해하는 경향이 있다"[24]는 사토 마나부의 지적을 참고할 필요가 있다.

앞서 말했듯 코로나19로 수업 혁신의 흐름이 바뀌었다. 에듀테크와 AI 기술이 전 세계를 휩쓸고 있으며, 뒤질세라 다투어 교육계에 도입하고 있다. 각개 약진하던 종래의 수업 혁신 담론과 실천은 사라지고, 에듀테크와 AI 교육 일색이다. 이를 방증하듯 출판계에서는 에듀테크와 AI 교육 서적을 속속 쏟아내고 있다. 그것이 마치 미래 교육의 방향인 것처럼 말이다. 물론 에듀테크와 AI는 디지털 시대 교육의 필요조건일 수 있다. 그럼에도 철학과 방향을 실종한 쏠림 현상은 검토할 필요가 있다고 본다.

돌아가자면, 앞서 말한 것처럼 교사들의 실험과 도전은 위

---

24 사토 마나부, 『배움혁신』, 손우정 옮김, 교육과 실천, 2023, 138~139쪽.

축될 수밖에 없었고, 학교 안팎의 학습공동체 운영도 순탄치 않았다. 그와 같은 상황에서 학교 현장에 혁신을 주문할 수 있을까. 장학과 연수로 돌아가야 하는 것일까. 우리는 종래의 장학과 연수가 그리 도움이 되지 않는다는 사실을 알고 있다. 그렇기에 수업 연구회를 가동하고, 지식과 경험, 생각과 의견을 나누며 실행 과정에서 나타나는 문제를 해결해 나간다. 그런 맥락에서 수업 연구회는 교사의 전문성 신장과 혁신교육의 질점이 될 수 있다고 본다.

수업 혁신의 서사는 미완으로 끝난 것일까, 일시적으로 중단된 것일까. 아니면 종래의 방식이 쇠락하면서 에듀테크와 AI 교육으로 대체된 것일까. 그렇게 유행에서 또 다른 유행으로 줄타기하는 빈곤한 서사라면, 끊임없이 유행으로 대체하는 축소된 서사라면, 우리가 거기서 희망을 발견할 수는 없을 것이다. 앞서 말했듯 서사의 진화를 기대하기 어려운 시대다. 개인의 웰빙이, 심화한 개인주의가 공동체를 잠식하는 상황이다. 교육 당국의 뻔한 정책과 사업으로는 학교 현장의 긴장을 기대하기 어렵다.

학교는 조직의 속성과 동시에 공동체의 속성을 지니고 있다. 오늘날의 학교는 일반적으로 조직의 속성이 강하다. 서지오반니(T. J. Sergiovanni, 1994)는 독일의 사회학자 퇴니스(F. Tönnies)의 개념을 빌려 현대의 학교가 이익사회(Gesellschaft, 조직)를 넘어 공동사회(Gemeinschaft, 공동체)로 전환해야 한다고 역설한 바 있다.[25] 게마인샤프트와 게젤샤프트는 순수한 형태로 존재하지 않는 이상적인 유형이다. 그런 점에서는 게젤샤프트 안에서 게마인샤프트를 만들어 가야 한다고 말하는 것이 좀 더 정확하다.

사실 개인의 입장에서는 혁신교육의 흐름에 합류하지 않아도 그만이다. 굳이 열정과 헌신, 협력과 연대의 피로를 감수할 필요가 있을까. 개인의 웰빙(well-being)을 추구하는 방식이 편리한 선택일 수도 있다. 공동체에 거리를 두어도 손해 볼 것은 없으니까. 그렇듯 우리는 개인의 웰빙만 쫓는 좀비가 된 건지도 모르겠다. 정책의 퇴행을 묵인하며 기존의 시스템을 유지하는 공모자가 되어도 괜찮은 것일까. 그렇게 되면 우리가 가르치는 차세대들도 좀비 바이러스에 감염되는 파국을 피할 수 없을 것이다.

학교 현장의 공동체성은 좀처럼 회복되지 않고, 새로운 실천으로 진화하는 서사가 등장하지 않는 상황이다. 종래의 방식은 진부하고, '미래'는 여전히 모호하다. 이 같은 상황을 좀 더 견뎌야 하는 시기인지도 모르겠다. 그러나 수업사史를 새

---

25   토마스 J. 서지오반니,『학교 공동체 만들기』, 주철안 옮김, 에듀케어, 2004, 39~40쪽.

롭게 써 나가려는 노력 없이 '미래'는 오지 않는다. 그것이 비록 무수한 실패들로 가득한 수업사史일지라도. 수업 혁신은 차이 없는 경험의 반복이 아닌, 늘 새롭게 써 가야 하는 서사다. 적극적인 실험과 도전으로 진화하는 서사를 써 나갈 용기를 회복해야 한다.

그런 맥락에서 종래의 수업 담론과 실천을 돌아보고, 이음매가 어긋난 시간과 지형을 살피는 작업이 필요하다. 그리하여 수업 혁신의 비전과 과제를 새롭게 설정하고, 중단된 서사를 이어가야 할 것이다. 수업 혁신의 서사에, 수업 성찰과 교사의 성장에 종결형이 있을까. 성장은 도약의 문턱을 넘어서며 끊임없이 변이해 가는 과정이다. 우리에게는 희망을 만드는 서사가 여전히 부족하다. '따로 또 같이' 수업 혁신을 위한 공동체적 실천의 체제를 다시 가동해야 할 것이다. 희망의 서사를 이어가야 한다.

2. 수업 혁신의 방향

　수업 혁신과 관련하여 현장 교사들과 이야기를 나눈 적이 있다. 학교 현장의 일반적인 수업 문화, 수업이 잘 바뀌지 않는 이유, 수업 혁신의 방향 등에 관한 의견을 들었다. 수업 혁신과 관련하여 코로나19 시기는 단절의 시간인 동시에, 전환의 기점(turning point)이기도 했다. 후자와 관련하여 최근 수업 실천의 동향과 흐름을 살펴보는 것도 흥미롭겠으나 여기서는 지나온 시간과 종래의 습속을 돌아보고자 한다. 계보학의 방식으로 종래의 습속을 드러내고, 다시 시작하기 위해 수업 혁신의 방향을 설정해 볼 것이다.
　수업 혁신의 방향과 관련해서는 관점에 따라 다양한 논의가 가능하다. 여기서는 학교 현장과 교육청에서 추진해야 할 혁신의 방향을 몇 가지 제시하고자 한다. 아울러 수업 실천과 관련한 제도적 기반 개선과 수업 전문성 신장의 측면에서도 몇 가지 제안을 추가할 것이다. 필자는 『수업의 정치』에서 수업 혁신을 '수업의 관행과 규범을 강제하는 제도적 기반들을 개선하고, 수업의 문법과 감각을 새롭게 바꾸는 것'으로 규정한 바 있다.[26] 이와 같은 맥락에서 수업 혁신의 방향을 얘기하자면 다음과 같다.

우선 비전과 방향 설정이 중요하다고 본다. 수업 철학, 교사 문화, 개혁 시스템의 구축 등 포괄적이고 장기적인 비전을 고민할 필요가 있다. 단위 학교 구성원들과 함께 충분히 논의·공유하고, 학교의 상황과 맥락에 맞게 비전과 방향을 설정해야 할 것이다. 뿐만 아니라 수업 실천, 수업 연구회 운영 등 실행의 차원에서도 비전을 구체화하고 현실화할 수 있는 포맷이 필요하다. 자기 포맷과 실행 계획은 구성원들의 관심과 요구에 맞게, 개별 단위의 상황과 맥락에 맞게 스스로 만들어 가야 할 것이다.

"수업을 바꾸라고 하는데, 지금까지 우리가 해온 수업이 잘못된 거냐?" 이렇게 거부감을 표현하는 교사들이 상당수 있어요. 특히 경력이 많은 분들이 그렇게 말하는 경우가 많아요. 교사들이 자발적이든 무관심하든

---

26 윤양수, 「수업의 정치」, 『수업의 정치』, 살림터, 2015, 47~58쪽.

> 교육청에서 '혁신'을 구실로 성급하게 개입하는 것은 좋지 않다고 봅니다. 교사들의 자율성을 존중해 주면 좋겠고, 학교 단위의 자발적인 변화를 지원해 줘야죠. 시간은 걸리겠죠. (중학교 교사 K)

K 교사의 발언도 그런 맥락에서 이해할 수 있을 것이다. 달리 말하자면 교육청에서 과제와 의무를 부과하기보다는 교사들의 자발적인 활동을 적극적으로 지원하고, 개별 학교의 자율성을 존중하는 개방적인 방식으로 접근해야 한다는 것이다. 교육청의 정책과 혁신을 명분으로 성급하게 추진하면, 현장 교사들의 거센 비판과 저항에 부딪힐 공산이 크다. 수업 문화를 바꾸기 위해서는 앞서가는 소수의 스타 교사가 필요한 것이 아니다. 시간이 걸리더라도 다수의 교사들이 동참해야 의미가 있다는 것이다.

또한 수업 연구회를 조직하고 교실 수업을 개방해야 한다. 수업 능력 신장에 있어 동료 교사들과 함께하는 일상적인 수업 나눔과 성찰만큼 중요한 것은 없을 것이다. 학교 현장의 고립적인 교사 문화는 수업 문화 개선을 어렵게 하는 요인이다. 개인적으로 새로운 기법과 아이디어를 습득하여 활용하는 방식에는 한계가 있다. '실천의 공동체성'에 대한 강조는 그런 맥락에서 이해할 수 있다. 공동의 성장을 위해서는 고립적인 교사 문화를 넘어 자신의 수업 실천을 개방하고 공유하려는 열린 자세가 필요하다.

수업 혁신을 제한하는 제도적 기반들도 개선해야 한다고 본다. 수업 실천의 규범과 관행을 유지·재생산하는 교원평가, 수업장학, 연구대회, 입시와 평가, 수업 협의회 등을 말하는 것이다. 가령 지난날의 수업연구대회 수업들을 보면 표준화된 절차와 형식을 따르는 것이 일반적인 모습이었다. 또한 공개 수업은 대부분 방어적인 전략과 안전한 공개로 일관한다. 규범과 입법의 시선으로부터 자유롭지 못하기 때문이다. 이렇듯 수업 실천을 특정한 방식으로 제한하는 제도적 기반들을 개선해야 한다는 것이다.

추가하자면 단위 학교의 수업 협의회 문화도 개선해야 한다고 본다. 고정된 자리와 발언의 위계를 할당하는 식의 협의회 방식을 바꾸자는 것이다. 가령 최종 순서로 배치하는 '지도 및 조언'은 수업자와 참관자들의 발언과 대화를 단속하는 중력으로 작용한다[27]. 이와 같은 관행을 '수업 연구회'로 바꾸자는 것이다. '수업 연구회'는 동료성과 호혜적인 시선을 특징으로 하며, 공동의 성찰과 성장을 지향한다. 수업 성찰과 실행

---

27 윤양수, 「수업 협의회 문화가 바뀌면 수업이 바뀐다」, 『수업의 정치』, 살림터, 2015, 64쪽.

의 선순환을 위해서는 그와 같은 수업 협의회 문화를 개선해야 한다고 본다.

수업의 문법과 감각도 새롭게 바꿔야 한다. 앞서 언급한 것처럼 산업화 시대의 학교는 대규모 산업 인력을 공급하기 위한 양성소의 기능을 충실히 수행했다. 표준화된 교육을 실시했고, 수업은 교사 주도로 교과서의 내용과 지식을 효과적으로 전달하는 것이 일반적인 문법이었다. 사회적 환경이 달라진 만큼 교사의 역할과 수업도 수정이 불가피하다. 역량 교육, 배움이 있는 수업, 학생 중심 수업, 질문과 토론이 있는 수업, 협력에 기반한 수업 등에 대한 강조는 그런 맥락에서 이해할 수 있을 것이다.

추가하자면, 우리의 일반적인 관행은 여전히 '목표·달성·평가' 방식을 벗어나지 못하고 있다. 교사가 교과서의 내용과 지식을 학생들에게 전달하고, 그 달성 정도를 평가하는 식이다. 사토 마나부(2001)는 이에 대한 대안으로 '주제·탐구·표현' 모델을 제시한 바 있다.[28] 그에 따르면 세계 여러 나라의 학교에서 '주제·탐구·표현' 모델로 개혁하는 운동이 벌써 한 세기 가까이 전개되어 왔다고 한다. 이는 효율적인 지식 습득을 넘어

---

28 사토 마나부, 『교육 개혁을 디자인한다』, 도서출판 공감, 2001, 92~93쪽.

주제를 중심으로 한 활동적이고 협동적인 탐구가 가능한 방식이라는 것이다.

같은 맥락에서 '참여·분유(participation)'의 모델도 생각해 볼 수 있다. 학생들 스스로 나름의 지식과 담론의 생산에 집합적으로 참여하고, 그렇게 생산된 것을 자신의 생각과 판단에 따라 나누어 갖는 방식이다. 학생들이 지식과 담론을 구성한다고 해서 정교한 언어와 추상적인 개념이 꼭 필요한 것은 아니다. 자신의 언어로 생각과 느낌을 표현하는 것이 중요하다. 그렇게 협력을 통해 협소한 시야를 넘어서고, 새로운 사고를 구성하게 되는 것이다. 그런 것이 교사가 추구해야 할 수업의 문법이 아닐까.[29]

이처럼 대안적인 수업 모델을 확대·적용할 필요가 있다. 학교 현장에는 여전히 전달과 수용, 주입과 암기로 진행되는 행동주의적 수업 모델이 강세를 보이고 있다. 행동주의적 수업 모델을 폐기하자는 주장이 아니다. 다만 수업 패러다임의 변화에 맞는 대안적인 수업 모델들을 적극적으로 도입할 필요가 있다는 것이다. 가령 프로젝트 학습, 문제 중심 학습, 액션러닝, 비주얼 싱킹, 협동학습, 협력학습, 디베이트, 배움의 공동체 수업, 거꾸로 수업, 하브루타 등 다양한 수업 모델을 활

---

[29] 윤양수, 「수업의 문법」, 『수업의 정치』, 살림터, 2015, 82쪽.

용할 수 있을 것이다.

> 수업 모형은 아주 많죠. 그게 부족해서 수업을 바꾸지 못하는 것은 아니라고 봐요. 새로운 수업 모형을 접할 수 있는 연수도 부족하고, 혼자서는 그걸 습득하기도 쉽지 않으니까 해오던 방식에 안주하게 되는 거죠.
> (초등학교 교사 P)

P 교사의 말처럼 수업 모델이 부족해서 수업 혁신이 어려웠던 것은 아니다. 또한 단순히 새로운 수업 모델을 안다고 해서 교사의 수업 전문성이 향상되는 것도 아니다. 그것을 실천적 지식으로 자기화하기 위해서는 시간이 걸리는 연마의 과정이 필요하다고 본다. 그런 점에서는 실제 수업 상황에 활용할 수 있는 실천적 지식을 갖출 수 있도록 배움 자리를 확대해야 한다. 그리하여 교과와 학습자의 특성 등에 따라 적절한 수업 모델을 선택적으로 적용할 수 있는 역량을 강화해야 한다고 본다.

수업 혁신은 배움과 삶을 연결하는 통합의 방식으로 접근해야 한다. 개별 교과에서 배우는 사실, 개념, 원리, 법칙 등의 지식이 교실에서 끝나는 것이 아니라 삶과 연결되어야 한다는 것이다. 이를 위해서는 분할된 교과를 가로지르는 학습 경험이 필요하다. 분과 지식을 단편적으로 익히기보다는 지식을 연결·종합하는 능력이 필요하다는 것이다. 분과 지식의 경계와 질서를 가로지르는 유연한 감각과 사고가 중요하다는 것이다. 그리고 그것이 삶의 맥락과 연결될 때 배움이 성장으로 이어질 수 있다.

그런 맥락에서 PBL(Project, Problem, Phenomenon Based Learning)은 수업 혁신의 유용한 도구가 될 수 있다. 깊이 있는 배움은 물론 학교, 직장, 사회, 삶에 필요한 역량을 길러주는 방식이다. 좁게는 수업 방식의 차원에서, 넓게는 학습 환경과 관련한 패러다임 전환의 관점에서 접근할 필요가 있다. PBL을 21세기 교육과정 운영의 단위로 보는 이들도 있다. 같은 맥락에서 AI와 에듀테크도 수업 혁신의 새로운 엔진이라고 본다. 물론 PBL과 에듀테크가 마법의 열쇠는 아니다. 또한 모든 상황, 모든 학생에게 효과적인 방법도 아니다. 그런 점에서는 맹목과 쏠림 현상을 경계할 필요가 있다.

마무리하자면, 교사의 수업 전문성 혹은 수업 능력은 경력에 비례하지 않는다. 새로운 교육 이론, 과학과 기술의 성과 등이 교육환경에 기입되기 때문이다. 이 같은 변화가 수업 패러다임과 시선의 변화를 동반하기 때문이다. 당연하게도 교사의 수업 전문성 혹은 수업 능력은 그대로 유지되지 않는다. 지속적인 갱신이 필요하다는 것이다. 그런 맥락에서 교사는 학습하는 전문가(professional learner)가 되어야 한다고 본다. 즉 전문성의 지속적인 발달을 위해 끊임없이 도전하고 성찰해야 한다는 것이다.

3. 자기주도학습과 학생 주도성

'학생 주도성'이 미래 교육의 키워드로 부상했다. OECD(2019)가 'Education 2030 프로젝트'에서 학생 주도성(student agency)을 강조했으며, 교육부(2021)도 '2022 개정 교육과정 총론 주요사항(시안)'에서 학생 주도성 개념을 제시한 바 있다. '역량' 개념이 그랬듯 최근 교육 현장의 언어는 '학생 주도성' 혹은 '학습자 주도성'이 강세다. 학계에서는 'student agency'를 '학생 행위주체성', '학생 행위(자)성', '학생 주체성', '학습자 주도성' 등으로 옮겨 쓰나 여기서는 편의상 '학생 주도성'으로 사용한다.

OECD가 DeSeCo 프로젝트(1997~2005) 이후 학생 주도성 개념으로 학교 교육의 역할을 새롭게 환기했다는 점에서 의미가 있다. OECD 프로젝트에서는 student agency를 "자신의 삶과 주변 세계에 긍정적으로 영향을 미치는 능력, 의지,

신념"[30] (OECD, 2020)으로 정의한다. 우리나라 교육부도 '2022 개정 교육과정 총론 주요 사항(시안)'에서 사회 변화에 대한 대응으로 학생 주도성 함양을 강조하고, "학습자가 자신의 삶과 학습을 주도적으로 설계하고 구성하는 능력"[31] (교육부, 2021)으로 제시한 바 있다.

참고로 'OECD Education 2030 프로젝트'는 2015년에 시작했다. 'DeSeCo 프로젝트'의 후속으로 역량교육의 방향을 새롭게 모색하는 프로젝트다. 2019년 당시 중학생들이 사회에 진출하게 되는 2030년 무렵에 필요할 것으로 예상하는 미래 역량을 규명하고, 이를 기르도록 돕기 위한 학교 교육의 역할에 대한 고민에서 출발했다. 학생 주도성 개념은 학교 현장의 교육과정 설계, 수업 실천, 평가 체제 혁신의 새로운 원리로 활용될 것이다. OECD DeSeCo 프로젝트 이후 역량교육도 학교 현장의 과제였으니 가능한 일이다.

---

30 OECD, *OECD Learning Compass 2030: Concept Note* (Paris: OECD Publishing, 2020), https://www.oecd.org/education/2030-project/teaching-and-learning/learning/learning-compass-2030/OECD_Learning_Compass_2030_concept_note.pdf (2024년 5월 12일 접속)

31 교육부(2021). 2022 개정 교육과정 총론 주요 사항(시안). https://bit.ly/3YVQbom (2024.5.3. 인출).

학생 주도성은 그리 낯설지 않은 개념처럼 보인다. 익숙한 개념이 있기 때문이다. 1960년대 이후 성인교육학의 개념으로 등장한 자기주도학습(self-directed learning)과 1980년대 이후 사회인지주의 관점에서 발달한 자기조절학습(self-regulated learning)을 말하는 것이다. 이는 1990년대 이후 학교 개혁의 키워드였고, 구성주의 학습이론과도 연결된다. 학교 현장에는 자기조절학습보다 자기주도학습이 일반화된 용어였다.

놀즈(M. Knowles)는 자기주도학습을 "타인의 도움 없이 자기 스스로 주도적으로 학습 목표를 설정하고, 효율적인 학습전략을 사용하며, 학습 결과를 스스로 평가하는 일련의 과정"[32]으로 정의한 바 있다(Knowles, 1975; 박효정 외, 2011:31에서 재인용). 짐머만(B. J. Zimmerman)은 자기조절학습을 "목표에 도달하기 위해 사고나 행동, 감정을 활성화하고 유지하기 위한 과정"[33]으로 정의한 바 있다(Zimmerman, 2002; 온정덕, 2023:292에서 재인용). 이론적 기반과 관점에 따라 사용하는 용어가 다르나 두 개념은 "학습자가 주체가 되어 학습 과정을 스스로 이끌어

---

32   박효정 외, 『내 공부의 네비게이션 자기주도학습』, 교육과학기술부·한국교육개발원·대구광역시교육청, 2011, 31쪽.

33   온정덕, 「2022 개정 교육과정과 자율화 전망」, 교육트렌드2024 집필팀, 『대한민국 교육 트렌드 2024』, 에듀니티, 2023, 292쪽.

나가는 학습활동"³⁴이라는 점에서 크게 다르지 않다.

　자기주도학습은 학습자가 '자신의 학습 욕구 진단-목표 설정-자원 탐색-학습 전략 선택-학습 실행-평가'의 과정을 스스로 선택-결정-수행하는 방식이다. 말 그대로 '자기 주도성(self-directedness)'을 강조하는 방식이다. 이를 교사주도학습과 대비해 보면, 그 의미가 확연히 드러난다. 누가 주도하는가에 따라 학생의 포지션, 학습 동기, 학습 경험 등 학습의 양상이 크게 달라진다. 자기주도학습은 '학생 중심'을 지향한다.

　물론 자기주도학습이 학생의 자기 주도성을 강조한다고 해서 교사와 학부모의 역할을 배제하는 것은 아니다. 다만 종래의 교수(teaching) 편향의 한계를 넘어서려는 개념으로 이해하면 된다. 자기주도학습과 학습자 주도성은 용어에서 보듯 한글로는 '주도'라는 표현을 공유한다. 이렇듯 개념의 인접성 때문에 구별하기가 쉽지 않다. 그러나 영어로는 'self-directedness'와 'agency'로 표현이 다르다. 자기주도학습과 학생 주도성은 'self'와 agency 앞에 붙여 쓰는 'co-'라는 접두사에서 차이를 발견할 수 있다.

　'self-directed'라는 표현에서 보듯 자기주도학습은 학습자, 교수자 등 주체들 간의 상호작용보다는 '자기 주도성(self-di-

---

34　같은 책, 32쪽.

rectedness)'에 초점을 두는 개념이다. 그와 다르게 '학생 주도성'은 'co-'라는 접두사에서 잘 드러나듯 상호작용하는 행위자들 간의 관계와 조건에 따라 발현하는 특성이자 능력이라고 할 수 있다. 그런 점에서 '학생 주도성'은 '자기주도학습'으로 환원할 수 없는 포월(抱越)적인 개념이다. 참고로 STS(Science, Technology and Society) 학자들은 'agency'를 '행위능력'으로 옮겨 쓰기도 한다.

공동 혹은 협력적 주도성(co-agency) 개념에서 보듯 학생의 배움에 관여하는 주체들 간의 상호작용이 중요하다. 이는 학생 주도성 발현 혹은 신장에 교사 주도성(teacher agency)이 중요한 요소임을 시사한다. 행위자(agent)들의 포지션은 각기 다르지만, '좋은 교육-좋은 수업-좋은 학교'를 만들어 가려면 행위자들 간의 소통과 협력이 중요하다는 것이다. 행위자들이 함께 만들어 가는 공조의 리듬이 중요하기 때문이다.

마찬가지로 학부모도, 지역사회도 중요한 변수다. 학교 교육을 위해서는 지역사회의 자원과 역량, 시설과 인프라의 연결도 중요하니까. '행위자 연결망 이론(Actor-Network Theory, ANT)'에서는 행위자(actor)를 인간을 넘어 비인간으로까지 확장한다.[35] 브뤼노 라투르(Bruno Latour)에 따르면, 인간뿐 아

---

35 브뤼노 라투르 외, 『인간·사물·동맹-행위자네트워크 이론과 테크노사

니라 하나의 연결망 속에서 작동하는 비인간들, 즉 동물, 식물, 사물, 기계, 기술 등도 행위자라고 본다. 이렇듯 라투르의 ANT 이론은 인간 중심의 사고를 넘어 비인간들까지 볼 수 있게 해준다는 점에서 의미가 있다.

ANT 이론에 기대자면, 학생 주도성 발현과 신장은 인간과 비인간들이 형성하는 행위자 연결망과 무관하지 않다. 즉, 그 속에서 작동하는 동물, 식물, 사물, 기계, 기술 등의 비인간들도 학생 주도성 발현에 작용하는 행위능력(agency)이 있다는 것이다. 이처럼 '행위능력' 신장은 네트워크로 연결된 무수한 행위자들 간의 상호작용에서 비롯하는 관계의 효과로 볼 수 있다. 그런 점에서는 '학생 주도성'이란 '행위자 연결망'의 배치와 조건에 따라 발현하는 특성이자 능력이라고 해도 틀린 말은 아닐 것이다.

가령 각종 디지털 도구들은 학습활동에서 하나의 특장점이 될 수 있다. 카카오톡, 노션(Notion), 구글 드라이브 등은 소통과 협력의 기반이 된다. 학습자들이 접속하는 환경과 도구 등은 배움과 성장의 필요조건이기도 하다. 이렇듯 학습활동과 관련된 인간, 공간, 환경, 사물, 지역사회의 자원과 역량, 시설과 인프라 등은 하나의 연결망으로 작동하는 공동체라고

이언스』, 홍성욱 엮음, 이음, 2010.

해도 틀린 말은 아닐 것이다. 그런 점에서 비인간도 인간만큼이나 학습에 적극적으로 작용하는 공동 행위자(co-agent, co-actor)라고 할 수 있다.

그러나 학습 과정에서 접속하는 그 어떤 것도 모든 어포던스(affordance)[36]를 갖출 수는 없다. 학습의 과정에서 접속하는 인간과 비인간은 매우 다양하다. 소통과 협력의 방식 또한 다양하다. 학습의 방식과 상황에 맞게 연결 혹은 접속하면 될 것이다. 참고로 어포던스는 심리학자 제임스 깁슨(James J. Gibson)이 만든 용어로 '행동유도성'으로 옮겨 쓰기도 한다. 여기서는 도널드 노먼(Donald A. Norman)의 개념을 참고했다.

앞서 말한 것처럼 자기주도학습은 1990년대 이후 학교 개혁의 과제였다. 자기 주도성을 강조하면서 학생과 교사의 포지션 설정에 오류가 나타나기도 했다. 즉 교사와 학생은 포지션과 역할이 다름에도 교사의 '자리'를 소홀히 다루는 경향이 있었다는 것이다. 심지어 학교 현장의 일각에서는 교수 행위에 대해 침묵하는 경향도 있었다. 이를 종래의 교사 주도의 편향을 역행하는 오류라고 해도 틀린 말은 아닐 것이다.

사회적 환경이 급격히 변하고 있다. 이에 제대로 대응하지

---

36 도널드 A. 노먼(Donald A. Norman), 『디자인과 인간 심리』, 이창우·김영진·박창호 공역, 학지사, 1996.

못하며, 학교 교육에 기대지 않는 학생들이 증가하고 있다. 공동 주도성 개념은 교사와 학교의 역할을 다시 생각하게 한다. '2022 개정 교육과정' 총론에서 '지역사회와 교육공동체 간 상호 협조체제'를 강조한 바 있듯이 학부모와 지역사회를 교육 현장으로 불러낸다는 점에서도 긍정적이다. '주도성' 개념과 담론이 시대의 변화에 맞게 교육의 미래를 당기는 패러다임으로 자리 잡길 바란다. 학교 교육의 문법과 시스템을 바꾸려는 노력이 시급하다.

추가하자면 최근 여러 시도교육청에서 IB(international baccalaureate) 도입 프로젝트를 추진하고 있다. 뒤늦게나마 IB에 주목하는 이유는 그것이 교육과정, 수업, 평가, 교사의 역할 등과 관련한 체계적인 시스템이기 때문이다. 이와 함께 학생 주도성 발현에 도움이 되는 선진적인 시스템이기 때문이기도 하다. IB 프로젝트가 '대학체제'라는 큰 변수에 작은 구멍이라도 낼 수 있을지는 모르겠으나 교육계에 던지는 메시지가 크다. 혁신교육의 성과를 제도화하려는 노력 없이, 교육 당국과 시도교육청의 정책과 행정의 혁신 없이 교사들의 열정과 헌신에만 기대는 방식은 더 이상 지속 가능하지 않다.

4. 공동체적 실천과 교사의 성장

 자신이 수업을 어떻게 하는지, 학생들이 어떻게 학습하는지 모두 다 볼 수 있을까? 자기 모습은 자신에게 잘 보이지 않는 법이다. 개별 학생의 학습 경로를 확인하기도 쉽지 않다. 수업을 촬영해서 본다고 해도 자신의 모습에 '거리'를 두기는 쉽지 않은 일이다. 개별 학생의 상황도 파악하기 쉽지 않다. 수업을 전개하고 있는 당사자가 자신과 학생을 관찰할 수는 없기 때문이다. 그런 점에서 '나'와 '학생'을 옆에서 지켜본 동료 교사들의 관찰과 조언은 교사의 성장에 큰 도움이 된다. 수업에 대한 공동체적인 성찰과 실천의 기반이 중요하다는 것이다.

 성찰 없는 수업은 그 횟수가 늘어도 차이 없는 반복을 벗어나기 어렵다. 교사의 성장은 자기 성찰을 통해 수업에 대한 인식의 지평을 확장하고, 수업의 문법과 감각을 변환하는 과정이라고 할 수 있다. 이와 동시에 외부와의 지속적인 접속 혹은 상호작용을 통해 수업의 관행과 규범을 강제하는 제도와 습속을 바꾸는 이중 변환의 과정이라고 할 수 있다. 물론 교사의 성장이 수업의 영역으로 한정되는 것은 아니다. 교사들이 다양한 직무를 수행한다는 점에서는 수업뿐만 아니라 교육과정, 생활교육, 상담, 학생 평가 등과 관련한 전문성 발달도 중요하다.

수업에 대한 성찰과 교사의 성장을 위해서는 필연적으로 교류와 소통이 필요하다. 교사 개개인의 지식과 경험을 공유하고 동반성장을 도모하기 위해서는 자신의 수업 실천을 개방하고 공유하려는 열린 자세가 필요하다는 것이다. 이를 위해서는 공유와 소통이 유익하고 즐거운 경험이 될 수 있도록 대화를 나누는 방식도 바꿔야 할 것이다. 고정된 자리와 발언의 위계를 할당하는 바라봄과 바라보여짐의 경사진 방식을 넘어 수업 연구회를 수업의 '설계-실행-성찰'에 함께 참여·분유(participation)하는 개방적인 소통의 방식으로 바꿔야 한다는 것이다.

물론 소통의 방식을 바꿔도 수업 공개의 부담은 사라지지 않는다. 완화할 수는 있으나 피할 수는 없다는 것이다. 수업은 흔히 누구도 간섭할 수 없는 '나'만의 사적인 영역으로 간주한다. 이처럼 수업을 사사화(私事化)하는 습속은 수업에 대한 공동의 성찰을 어렵게 한다. 우리는 그렇게 '인칭'과 '소유격'의 세계에 거주하고 있다.[37] '인칭'과 '소유격'이 자명한 것일까. 수업을 비인칭적인 것으로, 사적인 고유성을 넘어 공적 텍스트로 사유할 수 없는 것일까. 공동의 성찰을 통한 배움과 성장의 즐거움으로 공개의 부담을 넘어설 수 있다고 본다. 그런 점에서 교사의 성장은 익숙한 사고와 감수성을 바꾸는 과정이기도 하다.

그런 맥락에서 아이덴티티(identity) 혹은 자아에 대한 익숙한 감각을 바꿀 필요가 있다고 본다. 아이덴티티 개념은 '주체'가 단일하다는 자아론적 허상에 기초하고 있고, 사회적 관계 속에서 개인이 주체화된 결과를 주체의 본질로 가정하는 인식론적 전도를 자명한 진리로 전제한다.[38] 그러나 '진정한 나', '불변의 나' 같은 것은 존재하지 않는다. 자아는 환경이나 관계 등 외부와의 만남에 의해 그때마다 만들어지는 잠정적인 안정성을 뜻할 뿐이다.[39] 인간의 삶은 끊임없는 변화의 연속이고, 그런 한에서 '주체'란 변화의 한 지점을 겨우 지시할

---

37 고봉준, 『비인칭적인 것』, 산지니, 2014, 16쪽.
38 같은 책, 57쪽.
39 이진경, 『불교를 철학하다』, 휴(休), 2016, 84쪽.

수 있는 불완전한 명명에 지나지 않는다.[40]

그런 점에서 교사의 성장은 자기만의 고유성이나 친숙한 방식을 고수하고 보호하려는 태도와는 공존하기 어렵다고 본다.[41] 그와 같은 태도는 모든 차이가 최소화되고 사라지도록 억누르고 억압하기 때문이다. 수업 연구회는 수업의 '설계-실행-성찰'에 함께 참여·분유하는 과정을 통해 구성원들의 동반 성장을 추구하는 공간이다. 그런 만큼 각자의 수업 실천을 적극적으로 개방·공유할 필요가 있다. 이를 위해서는 교사들 간의 동료성 구축도 중요하다. 수업 연구회에 참여하는 구성원들 간의 신뢰와 협력 관계를 말하는 것이다. 이는 수업 연구회 운영의 기반이 된다는 점에서 각별히 강조할 필요가 있다.

이를 바탕으로 동료 교사들과 함께 호혜적인 배움의 관계를 구성하고, 수업 실천을 연구하고 성찰하는 문화를 만들어 가야 할 것이다. 물론 호혜성의 윤리를 오인하여 이견과 논쟁을 배제할 필요는 없다고 본다. 그것이 당장은 불편할지 몰라도 성장의 자양분이 된다는 사실을 모르지 않을 것이다.[42] 대

---

40 고봉준, 『비인칭적인 것』, 57쪽.

41 윤양수, 「수업 나눔의 포맷과 원칙」, 『교사들의 필리버스터』, 살림터, 2016, 187쪽

42 같은 글, 186쪽.

화와 토론을 통해 수업에 대한 사유와 감각이 새롭게 열리는, 그리하여 '자아'가 변이하는 경험을 두려워할 필요는 없을 것이다. 교사의 성장은 그 불편한 즐거움까지 긍정할 수 있어야 가능하다는 것이다. 수업 성찰은 익숙하고 편안한 동일성을 지향하지 않는다. 따로 또 같이 달라지는 '나'를 긍정하는 실천이다.

이렇듯 교사의 성장은 수업에 대한 연구와 성찰을 통해 정체와 고착에 저항하는 일상적 실천에서 비롯된다. 물론 개인과 공동체는 함께 성장하며 서로를 촉진하기도 하고 구속하기도 한다. 말길이 어긋나 서로 상처를 주고받는 일은 경계해야 할 것이다. 또한 개인과 공동체의 성장과 도약은 시간이 걸리는 일이다. 소통과 성찰을 빠르게 하는 것이 가능한 일일까? 여유가 있어야 서로의 마음을 들여다볼 수 있고, 오래 머물 수 있어야 성찰이 가능한 것이다. 그런 점에서 교사의 성장은 지루한 시간을 견디는 일이기도 하다. '나' 자신을 깊이 들여다보는 성찰의 시간이 누증(累增)될수록 수업에 대한 통찰력(insight) 또한 깊어진다.

교사도 학생과 마찬가지로 학습과 성찰을 통해 소양과 전문성을 함양하는 학인(學人)이다. '교사'라는 존재는 학습과 성찰로 '자아'를 지워가며 변이할 수 있는 능력에 의해 규정되어야 한다는 것이다.[43] 즉, 교사는 수업 전문성 혹은 수업 능력의 지속적인 발달을 위해 끊임없이 성찰하고 실천하는 '학습하는 전문가'가 되어야 한다는 것이다. 교사의 성장은 그렇듯 항구적 과정이기에 정체의 고비와 도약의 문턱이 반복해서 되돌아온다. 외부 사례나 전문가와의 접속으로, 다양한 구성적 실천과 학습으로 고비와 문턱을 넘어서야 한다.[44]

좋은 학교를 만들어 가려면 학교와 지역사회의 구성원들이 함께 소통하고 협력하는 협력적 주도성(co-agency)이 중요하다. 학교는 위계가 있는 조직임과 동시에 공동체적 속성도 지니고 있다. 직위나 나이 등으로 구별 짓기보다는 그것을 내려놓고 함께할 수 있는 구성원의 감수성이 중요하다. 비전을 설정하고 변화를 창출하려면 구성원들이 만들어 가는 공조의 리듬이 중요하기 때문이다. 이는 배움과 변화의 필요조건이기도 하다. 공동체적 실천의 체제를 가동하자는 것이다. 공동체적 실천은 교사들의 동반성장과 학교 혁신의 벡터로 기능할 수 있다.

좋은 교육-좋은 수업-좋은 학교를 만들어 가려면, 함께 성

---

43   윤양수, 『수업 비평』, 살림터, 2014, 143쪽.

44   윤양수, 「수업 협의회 문화가 바뀌면 수업이 바뀐다」, 『수업의 정치』, 살림터, 2015, 84쪽.

장하려면 실천의 공동체성이 중요하다. 함께 실천할 수 있는 과제를 정하고, 이를 실행하기 위해 학교 운영과 교육과정에 반영할 필요가 있다. 참고로 교사의 연구와 실천에, 성찰과 성장에 도약의 문턱은 있으나 완성형은 없다. 성장은 끊임없이 변이해 가는 과정이다. 조급증과 단기적 성과에 대한 강박은 내려놓아야 한다. 무언가를 준비하지 않고, 기다리기만 하면 바라는 것이 오지 않는다. 기다림이란 사건을 찾아가는 것이고, 때를 만들어 가는 것이다.[45] 현장 교사들의 공동 주도성(co-agency)을 기다린다.

---

45 이진경, 『사랑할 만한 삶이란 어떤 삶인가』, 엑스북스, 2020, 350쪽.

5. 진리인가, 의견인가

 코로나19 팬데믹은 우리 사회에 건강, 안전, 공동체의 중요성을 환기했다. 그런데 아이러니하게도 갈수록 공동체성은 약화하고, 개인주의가 심화하고 있다. 지능정보기술의 발달과 사회 문화적 환경의 변화로 삶의 방식이 달라진 탓이다. 그런 점에서 개인주의의 심화는 자연스러운 현상이다. 학교 현장은 사법화[46]로 공동체성이 소멸하고, 이해관계를 다투는 쟁송(爭訟)과 민원의 공간이 되었다. 2023년 7월 서이초 교사 사망은 이와 같은 현상이 충격적으로 드러난 사건이다. 학생, 학부모와 교사 간 갈등뿐 아니라 교직원들 간에도 갈등이 빈

---

46 학교에서 발생하는 문제들을 해결하는 방식이 점점 더 법에 의존하는 현상을 말한다. 김용(2017)은 이를 '법화' 또는 '법화사회'라는 개념으로 포착한 바 있다. 김용(2017). 「법화사회의 진전과 학교 생활세계의 변용」, 『교육행정학연구』 35(1), 87-112쪽.

번하게 발생한다.

사회가 불공정하고, 미래가 불확실한 탓일까. 사람들이 제도와 규범에 대한 불신, 현재 상황에 대한 불만, 미래에 대한 불안으로 가득하다. 누구나 느끼는 집단 감정 혹은 무의식일 것이다. 이와 함께 조직이나 공동체 내에서 협력을 어렵게 하는 불통도 문제다. 타인에게 주는 피해에 대해서는 둔감하고, 자신이 받는 피해에 대해서는 극도로 민감하다. 학교 현장도 크게 다르지 않다. 갈수록 민원과 갈등이 증가하고 있다. 종래의 교육적 해결 방식은 더 이상 작동하지 않는다. 그런 점에서 민원과 갈등을 해결하자면, '학교의 사법화'는 불가피한 일이다.

갈등(葛藤), 반복해서 되돌아오는 고민거리다. 조직이든 공동체든 예외가 없다. 주어진 세계의 '바깥'으로 향하는 이들이 늘 겪는 문제다. 물론 그런 의욕을 잃었거나 묻어버린 이들도 갈등은 피할 수 없는 일이다. 역으로 익숙한 세계 안으로 들어오는 '바깥'도 마찰을 일으킨다. 주어진 세계 안에 없는 것을 불러들이는 일이 순조롭게 진행될 리 없다. 어긋나는 일이 다반사다. 당연하게도 사람들 사이에 간극이 있기 때문이다. '나'의 마음속에서도 갈등은 일어난다. '나'라는 것은 다양한 욕망과 충동들이 일어나고 흩어지는 '욕망의 다양체'이기 때문이다.

갈등이 없는 사회적 공간이 있을까? 조직이든 공동체든 의사결정과 실행의 과정에서 크고 작은 갈등이 생긴다. 조직이나 공동체도 다양한 욕망이 교차하는 다양체다. 게다가 늘 움직임 혹은 흐름 속에 있다. 바라는 대로 가는 행운도 있으나 지속되는 경우는 드물다. 속도나 방향이 어긋나고, 의도를 비껴가기 일쑤다. 갈등의 원인은 소통의 단절, 정보 공유의 부족, 서로 간의 오해 등 다양하다. 사고, 감각, 기질 등의 차이에서 비롯하는 경우도 많다. 힘들이지 않고 갈등을 가로지르는 영법이 있을까? 힘 빼고 사는 게 좋다고들 하는데, 그게 쉬운 일인가.

의사 결정과 실행의 과정에서 흔히 범하게 되는 실수가 있다. 대개 '의견'의 문제를 '진리'의 문제로 접근한다는 점이다. '진리'의 문제로 접근하는 순간 자연스럽게 계몽의 전략이 뒤따르게 된다. 그렇게 되면 소통은 의미를 잃게 된다. 자신의 '진리'가 타자의 의견과 행위를 제압하는 전제군주의 기표로 기능하게 되기 때문이다. 사람마다 사안과 문제를 보는 시선과 감각이 다르다. 포지션과 경험이 달라 복수의 입장들이 충돌하기 마련이다. 따라서 다르게 판단할 수 있다는 단순한 사실을 인정한다면, '진리'의 문제가 아닌 '의견'의 문제로 접근해야 한다.

그렇듯 소통과 조정을 통해 사안과 문제를 해결해 가는 것이다. 그러나 일을 하다 보면, 순간순간 자신도 모르게 욕심(慾心)이 생긴다. 이를 애착이나 애정으로 여길 수 있다. 욕심(慾心)이 불러일으키는 착각이다. 욕(欲)에 심(心)이 달라붙어 집착(慾)이 생기는 것이다. 다른 이들이 그렇게 보이듯 '나'도 그렇다. '나'에게는 그런 '나'가 보이지 않을 뿐이다. 견고한 '나' 혹은 '자아'가 잘 보이지 않는 것이다. 집착은 수용력(capacity)과 반비례한다. 집착은 '나'를 무능하게 만든다. '나'와 다른 의견과 행위자들을 수용하거나 긍정하지 못한다는 것이다.

분별(分別)도 흔히 범하는 오류 가운데 하나다. 분별이란 척도 혹은 기준에 따라 판단하는 것을 말한다. 추가하자면 내가 옳다고 믿는 것에 다른 이들을 맞추려고 하는 태도를 말한다. 척도는 그것이 가지고 있는 권력을 행사한다. 분별에는 선악, 호오, 애증 등의 판단이 얽혀 있다. 자신의 의견이 진리라고 믿을 때 다른 이들의 의견은 들리지 않는다. 그러나 사람마다 판단 기준이 다르다. 앞서 말했듯 포지션과 경험치, 시선과 감각 등이 다르기 때문이다. '나'를 타자의 기준에 맞게 바꾸기가 쉽지 않듯 타자 역시 '나'의 기준 안으로 들어오지 않는다.

다른 이들을 '나'의 기준에 맞추려고 할 때 갈등은 피할 수 없다. '나'의 기준이 다른 이들을 밀어내기 때문이다. 타자와 만나는 과정은, 의사 결정과 실행의 과정은 분별의 연속이다.

물론 모든 구별이 분별은 아니다. 분별은 선악, 호오, 미추, 애증 등의 감정이 함께 작동하는 판단이다.[47] 그런 선입견 혹은 선판단(prejudice)이 달라붙는 구별이 분별이다. 그런 식의 분별은 사안과 문제를 제대로 볼 수 없게 한다. 선악, 호오, 미추, 애증 등을 떠나야 제대로 판단할 수 있다. 내가 옳다고 믿는 '기준'을 내려놓을 때 다른 이들의 의견과 행동이 보이기 시작한다.

바라는 대로 되는 일이 있을까. 때로는 해결할 수 없는 문제도 생긴다. 갈등으로 상처를 받고, 에너지를 소진한다. 피할 수 없는 일일 것이다. 고통은 관계에서 비롯하니까. 조직이든 공동체든 의사 결정과 실행의 과정에서 갈등은 늘 생기는 법이다. 권한과 책임을 나누는 과정이니까. 저마다 지위와 역할, 이해관계, 사고와 감각, 개인의 기질이 다른 만큼 이견과 갈등은 자연스러운 현상이다. 조직이나 공동체는 제각기 크기와 방향을 갖는 힘들의 다양체이기 때문이다. 그렇다고 아무 일도 일어나지 않는 '관계의 바깥'으로 나가는 것은 어리석은 일이다.

관계는 선물과 이득이 되기도 하지만, 불편과 스트레스로 오는 경우도 다반사다. 관계란 그런 것이다. 조직이든 공동체

---

47   이진경, 『불교를 철학하다』, 휴(休), 2016, 135쪽.

든 협력과 연대가 이득만 주는 것은 아니다. 불편한 채로 함께 하거나 서운함을 견뎌야 할 때가 있다. 피로 때문에, 상처로 인해 거리를 두거나 등을 돌리는 일도 생긴다. 이견과 갈등이 없는 관계가 가능할까? 갈등의 원인을 파악하고, 소통의 장을 마련하는 것이다. 서로가 만족스럽다는 느낌을 공유할 수 있도록 이견과 갈등을 조정해야 할 것이다. 갈등 해결 시 상대방이나 어느 한 주체를 희생하는 방식은 파국을 피할 수 없을 것이다.

아이러니하게도 그런 고통을 통해서 '더 좋은 삶'과 '더 나은 사회'를 만들어 가야 한다. '관계의 바깥'이 있을까. '상처의 감수성'은 관계의 단절과 자아의 고독 속으로 침몰하게 만든다. 이견과 갈등을 통해서 끊임없이 다른 '나'가 되는 것이다. 보르헤스의 단편 「죽지 않는 사람들」[48]에 나오듯 '아무것도 아닌 자'로 '나'를 비우는 것이다. '모든 사람'이 될 수 있게 '나'를 여는 것이다. '나'를 열어야 시야의 사각(死角)과 무지를 넘어설 수 있다. 열려 있음(openness)은, 관계에 따라 다른 '나'로 변이하는 것은 고통 속에서도 평온을 얻는 삶의 기술이다.

마음대로 되는 일이 있을까. 혼자서 할 수 있는 일도 없다. 잘하려고 욕심내기 때문에 갈등과 문제가 생긴다. 너무 잘하

---

48 호르헤 루이스 보르헤스, 『알렙』, 황병하 옮김, 민음사, 1996.

려고 애쓰지 않아도 괜찮다. 모든 관계에서 모든 이들에게 다 좋은 사람이 되려고 할 필요도 없다. 신학자 라인홀드 니버(Karl Paul Reinhold Niebuhr)는 '평온의 기도(serenity prayer)' 첫머리를 이렇게 시작한다. "주여, 바꿀 수 없는 것을 받아들이는 평온을 주시고, 바꿀 수 있는 것을 바꾸는 용기를 주시옵소서. 그리고 이 둘을 구별할 수 있는 지혜를 주시옵소서." 기도문에서 보듯 평온과 용기, 그리고 분별의 지혜가 필요하다.

6. 학습과 글쓰기, 희망의 거처

　기후 위기, 환경 오염, 자원 소진, 플라스틱 재앙 등 지구적 위기가 인간과 비인간을 위협하고 있다. 인구 감소와 지역 소멸 위기도 쓰나미처럼 밀려올 것이다. 이렇듯 위기가 다중으로 밀려드는 불안의 시대다. 교육 현장은 코로나19 팬데믹으로 '혁신'의 이음매가 어긋났고, 2023년 7월 서이초 교사 사망 사건에서 보듯 공동체도 사라졌다. 게다가 2024년 말 12·3 내란 사태가 덮쳤다. 그뿐인가. 크고 작은 사건과 사고가 끊이지 않는다. 말문이 막힌다. 그야말로 위기의 연속이다. 그 강도가, 생존 선택압(Selection Pressure)[49]이 개인의 행위를 압도

49　유전학(genetics)의 용어로, 환경이 개체의 생존과 번식에 가하는 압력을 뜻한다. 선택압은 환경에 적합한 형질을 지닌 개체가 생존하도록 특정 유전자의 빈도를 변화시킨다.

한다.

　불안의 대기는 우리가 숨 쉬며 살아가야 하는 구조화된 환경이 되었다. 그렇기에 그 원인을 특정하기 어렵고, 우울하고 무기력한 일상이 반복되는 것이 아닐까. 불안은 불신과 고립으로 이어지고, 고립은 우울과 불안을 강화한다. 불안과 고립은 영혼을 잠식하고, 소외감, 외로움, 상실감, 무력감의 심연을 헤어나기 어렵게 한다. 물론 소셜미디어(SNS)를 통해 '빛의 속도'로 연결되는 시대다. 과도할 만큼 연결되어 있다. 그러나 거기서 몸으로 체감할 수 있는 공동체를 기대할 수 있을까. 아이러니하게도 우리를 구원해 줄 수 있는 공동체는 거기에 없다.

　우리는 일상적으로 '소통 없는' 공동체를 마주한다. '공동체'보다는 '조직'에 가깝다고 말하는 게 정확할 것이다. 조직은 눈에 보이는 성과와 안정적인 관리를 강제한다. 이를 벗어나는 실험과 도전은 낭비다. 조직에서 할당하는 역할에 따라 《모던 타임즈》(Modern Times, 1936)의 찰리처럼 스패너를 돌린다. 그렇게 '자기'를 길들여야 생존할 수 있다. 성과와 관리에 대한 지속적인 압박은 공동체를 잠식하고, 공동체성이 소멸한 조직은 창조적 긴장을 기대하기 어렵다. 조직은 성과 창출과 무결점 관리에 대한 압박으로 우리를 불안하고 우울하게 만든다.

'여기'서 벗어나고 싶으나 함께 머물 수 있는 정처(定處)를 찾을 수 없다. 불안의 대기를 응시하지만, 출구가 보이지 않는다. 우울과 불안을 홀로 견디거나 포기하거나! 업무와 민원의 무게를 견디며 '자기'를 독하게 경영해도 희망은 보이지 않는다. 관계와 소통의 부재가 자유롭다는 착각 속에서 '스패너-기계'로 살아가면 그만일까. 출구를 찾으려 해도 어긋났던 과거의 기억이 현재를 괴롭히고, 지난날의 상처가 미래를 차단한다. 우울과 소진을 동반한 무기력을 벗어나기 어렵다. 대세에 순응하는 수밖에 없는 것일까. 고립과 궁지에서 벗어날 수 없을까.

희망은 절망의 심연에서 솟아오른다. 희망은 독일까, 선물일까? 아모르 파티(amor fati)! 니체는 '삶을 사랑하라'고 단호하게 말하며, 희망을 긍정한다. 힘들어도 삶을 포기하지 않게 해주기 때문이다. 삶은 질문의 연속이고, 삶을 향한 질문은 운명 같은 것이 아닐까. 그렇기에 우리는 다시 꺾일지라도 희망의 이정표를 세운다. 설령 도달할 수 없을지라도 희망 없이는 살아갈 수 없기 때문이다. 희망은 '자기'를 넘어 타자와 연결하고 결합한다. 그렇듯 우리에게 살아갈 힘을 준다는 점에서 희망은 판도라의 상자(Pandora's box)를 열고 나온 마지막 선물이 아닐까.

희망 없이는 우울과 불안의 심연에서 빠져나오기 어렵다.

희망에 대한 믿음으로 다시 시작하는 것이다. 물론 희망은 손에 잡히지 않는 유토피아일 수 있다. 존재하지 않기에 가닿을 수 없는지도 모른다. 블라디미르와 에스트라공이 그랬듯 '고도(Godot)'를 기다리는 행위일지도 모른다. 바라는 대로 이루어지는 것도 아니다. 이루어진다 해도 기대와는 다른 모습으로 나타나기 일쑤다. 이렇듯 희망은, 그 결과는 예측 혹은 계산 가능한 것이 아니다. 그럼에도 희망을 품지 않으면 행위할 수 없다. 희망만이 '생존'을 넘어 열린 미래로 삶의 지평을 열어준다.

삶이 생존 선택압에 순응하며 의미 없는 줄타기를 반복하는 서사라면, 거기서 희망을 발견할 수는 없을 것이다. 그 속에 머물면, 어느 순간 접속 능력이 사라진 우울한 '나'를 마주하게 될 뿐이다. 희망의 서사를 만들어 가려면, 적극적인 행위가 필요하다. 또한 외부와 적극적으로 접속해야 한다. '생존'으로 위축된 '자기'를 넘어 '타자'와 접속하는 공동체를 만들어 갈 수 없을까. 물론 출구가 보일 때조차 탈주는 쉽지 않은 일이다. 어떤 행위를 감행해도 만족스러운 유토피아를 발견하기는 어려울 것이다. 그렇다고 우울과 불안의 심연에 머물러야 할까.

우리는 의미 있게 연결되어 있을 때 행복하다는 것을 모르지 않는다. 삶의 설계에 필요한 학습과 활동을 자율적으로 계획-실행할 수 있을 때, 그 과정에서 성취감을 느낄 때, 또 서로 의미 있게 연결되어 있음을 느낄 때 행복을 느낀다. 조직의 유효성도 마찬가지다. 정체되어 있다고 느낄 때는 지나온 시간을 돌아보며 변화의 상황과 흐름을 살피는 작업이 필요하다. 변화와 성장은 항구적인 과정이기에 정체(停滯)의 고비가 반복해서 돌아오니까. 정체를 질타하듯 새로운 질문이 반복해서 돌아오는 것이다. 새로운 실험과 도전으로 변화를 창출해야 한다.

무언가를 준비하지 않고, 기다리기만 하면 바라는 것은 오지 않는다. 기다림이란 사건을 찾아가는 것이고, 때를 만들어 가는 것이다.[50] 불안과 고립 속에 존재할 이유는 없다. 오늘 우리의 만남도 그런 맥락에서 볼 수 있다. 불안 사회의 생존 선택압을 완충하려는 것이다. 조직에서 할당하는 '스패너-기계'와 같은 규정성(規定性)을 지우려는 것이다. 그리하여 지금과는 다른 존재가 될 수 있는 '열려 있음(openness)' 혹은 잠재성(潛在性)의 지대로 나아가려는 것이다. 그런 점에서는 불안 시대의 압박을 넘어 존재 이유를 찾으려는 소중한 만남이기도 하다.

희망은 판단하기도 전에 가슴을 기습한다. 심심풀이하듯

---

50 이진경, 『사랑할 만한 삶이란 어떤 삶인가』, 엑스북스, 2020, 350쪽.

모임을 시작한다. 학습과 글쓰기가 함께 머물 수 있는 장소가 될 수 있을까. 학습과 글쓰기, 익숙한 세계에 질문을 던지고, 낡은 습속에 균열을 내는 일은 사소한 일일지 모르나 희망의 거처(居處)가 되리라 믿는다. 이렇듯 희망은 우리를 고양하는 믿음 혹은 기분 같은 것이다. 용기와 유머를 장전하고, 대지를 내달리는 인디언의 말발굽 소리처럼 불안의 대기를 가르며 자판을 두드리는 것이다. 앨리스처럼 놀이하듯 원더랜드의 모험을 즐기는 것이다. 그렇게 맞서야 불안과 두려움을 넘어설 수 있다.

물론 학습과 글쓰기가 그리 새로운 것은 아니다. 시간과 에너지를 낭비하는 바보 같은 선택일 수 있다. 아이러니하게도 희망을 품는다는 것은 기꺼이 바보가 되는 일이다. 그럴 수 있을 때 지금의 '나'를 떠나 새롭게 시작할 수 있다. 관계의 단절과 자아의 고독 속으로 침몰하는 '나'를 떠나 다른 '나'가 될 수 있다. 위축된 '자기'를 넘어 타자와의 연결로 나아갈 수 있다. 그런 점에서 '바보-되기'는 니체가 말하는 '강자'가 되는 길이 아닐까. 블랑쇼 식으로 말하면 '비인칭적 죽음'이라고 해도 좋을 것이다. 달리 말하면 '비인칭적 죽음'은 '비인칭적 탄생'의 순간이기도 하다. 지금의 '나'가 죽고, 타자와 접속하며 다른 '나'가 탄생하는 사건이다.

익숙한 세계, 기성의 가치와 제도, 형식만 남은 조직, 뻔한 경로 같은 것들과는 맞지 않아서 '희망의 정치'를 가동해 보는 것이다. 학습과 글쓰기는 '지금-여기'에 머무는 것이 아니라 끊임없이 다른 '나'를 만들어 가는 변이의 장소가 될 것이다. 학습과 글쓰기, 그런 심심풀이가 함께 머물 수 있는 정처가 될 수 있지 않을까. 거기에 함께 머무는 방식으로 '지금-여기'를 넘어설 수 있지 않을까? 학습과 글쓰기 혹은 '언어'로 연결해 가는 관계가 희망의 장소가 될 것이다. 글쓰기가, '언어'가 '나'를 다시 움직이고, 우리를 연결하는 일종의 보헤미아가 아닐까.

4부
제도적 기반 개선

한국 교육사에서 괄목할 만한 성과를 낸 교육정책이 있었던가. 혁신교육은 지난 10~15년간 '교육과정-수업-평가'의 문법을 바꾸고, 학교 민주화, 일하는 문화 개선, 학교 교육력 강화 등 적지 않은 성과를 일궈냈다. 혁신교육의 자산과 성과가 보편적인 교육시스템으로 확산하지 못하는 한계도 드러났다. 한국 교육의 한 단계 도약을 위해서는 '혁신의 흐름'을 제한하는 (비)공식적인 법령과 제도적 기반을 개선하고, 정책과 행정을 재정비해야 한다.

마을교육도 마찬가지다. 관의 정책으로 교사와 민을 불러냈고, 그들의 헌신과 노력에 기대는 방식이었다. 혁신교육도 마을교육도 교사와 민의 열정과 헌신에만 기대는 방식으로는 더 이상 지속 가능하지 않다. 이들의 노력에 '제도화'로 응답해야 한다. 혁신교육과 마을교육의 진전을 위해서는 단순히 특정 정책을 추진하는 차원을 넘어 관련 법령을 정비하고 교육시스템 전반의 제도적 기반을 혁신교육과 마을교육의 가치와 방향에 맞게 재구축해야 한다.

1. 혁신교육의 제도화

혁신교육은 기존 교육의 획일성과 경쟁 위주의 교육에 대한 반성에서 출발했다. 그런 만큼 기존 공교육의 문제점 개선과 교육의 본질 회복에 중점을 두었다. 2009년 진보 교육감 시대의 개막과 함께 경기도교육청에서 먼저 시작했고, 전국의 시도교육청으로 확산했다. 시도교육청의 정책을 기반으로 교사 대중이 혁신교육의 흐름에 합류했고, 지난 10~15년간 '교육과정-수업-평가' 혁신, 학교 민주화, 일하는 문화 개선, 학교 교육력 강화 등 적지 않은 성과를 거뒀다. 현장 교사들의 열정과 헌신이 있었기에 성공적으로 안착할 수 있었고, 한국형 공교육 모델로 자리 잡았다. 최근 '혁신미래교육'이란 용어에서 보듯 혁신교육은 '미래'를 추가하여 외연을 확장해 가고 있다. 기술의 발전과 사회의 변화에 맞게 교육의 방향을 재설정하려는 노력이다.

한국 교육사에서 괄목할 만한 성과를 낸 교육정책이 있었던가. 혁신교육은 학생의 배움을 중심으로 '교육과정-수업-평가'의 문법을 바꾸고, 이와 관련한 제도적 기반을 개선해 온 드문 사례다. 현장 교사들의 자발적 참여와 집합적 역량, 창의적 아이디어와 공동체적 실천, 열정과 헌신이 있었기에 성공적으로 안착할 수 있었다. 2000년대 초 학교 현장에서 발원한 '혁신의 흐름'을 시도교육청 차원에서 정책적으로 지원했기에 가능한 일이었다. 이는 교육정책이 학교 현장에 안착하고, 긍정적인 변화를 이끌어 내기 위해서는 정책 설계 단계부터 교사들의 의견을 적극적으로 수렴하고, 자율성과 책임감을 부여하는 것이 중요하다는 점을 시사한다.

물론 성과의 이면에는 그늘도 존재했다. 그동안의 혁신교육은 교사 개개인의 역량과 헌신적 노력에 의존하는 경향이 있었다. 이는 특정 교사가 근속 기간 만기로 학교를 떠날 경우 혁신교육이 단절되거나 후임자가 처음부터 다시 시작해야 하는 문제로 이어졌다. 업무 과중으로 교사들의 피로감도 가중되었다. 혁신교육의 성과가 일부 학교나 특정 교사에게 국한되는 '섬'처럼 존재하며 보편적 교육시스템으로 확산하지 못하는 한계도 드러났다. 특히 교원 순환전보제는 혁신교육과 마을교육의 연속성과 전문성을 저해하는 요인으로 작용했다. 교사들의 열정과 헌신에만 기대는 방식으로는 지속 가능성을 기대하기 어려운 임계점에 이른 것이다.

 이 지점에서 '혁신교육의 제도화'가 새로운 과제로 부상한다. 그동안의 성과를 기반으로 지속 가능한 교육 시스템을 만들어가기 위해, 나아가 한국 교육 전체의 질적인 도약을 이끌어내는 시스템으로 자리매김하기 위해 제도화하는 방식을 모색할 때가 된 것이다. 제도화는 혁신교육이 그동안 쌓아 올린 성공적인 경험과 자산을 학교 현장에 일반화하고, 특정 개인의 헌신과 개별 단위의 실천을 넘어 보편적이고 안정적인 시스템으로 정착시키기 위해 밟아야 할 수순이다. 혁신교육의 자산과 성과의 제도화뿐만 아니라 사안에 따라서는 법적 근거도 마련해야 한다. 즉 교육부와 시도교육청이 법령과 제도, 정책과 행정을 재정비해야 한다는 것이다.

 '제도화'를 말하기에 앞서 법령, 제도, 정책의 관계를 이해할 필요가 있다. 정책은 특정 목표를 달성하기 위한 방침이나 계획을 의미하며, 비교적 유연하게 설정·변경할 수 있다. 반면 법령은 국가가 제정한 공식적 법률, 명령, 규칙 등의 규범 체계로, 교육활동의 근거를 제공한다. 제도는 이러한 법령을 포함하여 사회 구성원들의 행동을 규율하는 광범위한 규범, 규칙, 관습 등의 총체적 체계를 일컫는다. 정책은 제도의 범위 내에서 구체적인 방향을 제시하고 실행되지만, 혁신교육처럼 기존 제도의 한계를 극복하기 위해 새로운 정책이 추진

될 때 장기적으로는 기존 제도를 변화시키거나 새로운 제도를 형성하는 동력이 되기도 한다. 따라서 혁신교육의 제도화는 단순히 특정 정책을 추진하는 차원을 넘어 관련 법령을 정비하고 교육시스템 전반의 제도적 기반을 혁신교육의 가치와 방향에 맞게 재구축하는 포괄적인 과정을 의미한다.

혁신교육의 제도화를 위해서는 우선 단위 학교 차원의 시스템 재정비가 중요하다. 학교는 학생 중심 교육을 본격화하기 위해 '교육과정-수업-평가' 전반에 걸쳐 깊이 있는 변화를 모색해야 한다. 교사들이 자율성을 바탕으로 지역과 학생의 특성에 맞는 교육과정을 설계하여 운영하고, 삶과 연계된 '배움 중심 수업'을 디자인하도록 지원해야 한다. 나아가 학생의 배움과 성장 과정을 다각적으로 살피는 '성장중심평가'[51] 시스템을 정착시켜야 한다. 또한 교사, 학생, 학부모가 학교의 주요 의사결정에 함께 참여하는 민주적 학교 문화를 조성하

---

51 이형빈·김성수는 '과정중심평가'의 한계를 극복하는 대안으로 '성장중심평가'를 제안한 바 있다. 그들은 '성장중심평가'를 "학생의 잠재력과 가능성을 확인하고 이를 현실화하기 위해 다양한 기회와 도움을 제공하여 모든 학생이 성장할 수 있도록 돕는 평가"로 정의하며(108쪽), "기존의 평가 관행과 성장중심평가 사이의 가장 두드러진 차이점은 '피드백'과 '재도전'의 유무라고 할 수 있다"고 말한다. 이형빈·김성수, 『성장중심평가』, 살림터, 2022. 109쪽.

여 학교 구성원 모두가 혁신교육의 주체로 참여하고 성장할 수 있는 교육공동체의 기반을 마련해야 한다.

학교 차원의 노력만으로는 혁신교육의 제도화에 한계가 있다. 이를 위해서는 교육시스템 전반의 변화가 필요하며, 교육부와 시도교육청의 역할이 중요하다. 특히 교원의 임용, 전보, 승진 등 인사 시스템 개선이 시급하다. 학교의 특성과 교사의 전문성을 고려한 인사가 이루어져야 한다. 가령 혁신학교를 비롯하여 학교 특색을 살린 교육과정을 운영하는 학교에서 교사들이 일정 기간 이상 장기 근무할 수 있도록 근속 기간을 연장하거나 '학교 특성화 전보제'와 같은 인사 특례 제도를 적극적으로 도입해야 한다. 이러한 제도 개선은 교사들이 안정적인 환경에서 교육활동에 전념하고, 혁신교육을 지속적으로 추진할 수 있는 기반을 제공할 것이다.

혁신교육과 마을교육의 지속적인 발전을 위해서는 안정적인 예산 지원과 함께 학교가 지역과 학생 특성에 맞는 교육과정을 자율적으로 설계하고 운영할 수 있도록 교육과정과 관련한 규제를 과감히 완화해야 한다. 교사의 사기 진작과 안정적인 생활을 위한 처우 개선은 최근 심화하고 있는 교직 이탈 현상을 방지하고 유능한 교원들이 교육 현장에 머물도록 하기 위한 필요조건이다. 대학 서열 구조와 입시제도는 혁신교육의 다양한 실험과 도전을 무력화하는 블랙홀이다. 대학 서열 체제 개편과 입시제도 개선은 미룰 수 없는 과제다. 이처럼 교사 처우, 대학 체제, 입시제도 등 혁신교육을 제약하는 광범위한 제도적 기반들을 함께 개선해야 한다.

궁극적으로는 교육과 사회 시스템의 혁신이 함께 이루어져야 한다. 사회의 채용 문화와 임금 격차는 교육을 방향 짓는 근원적인 문제다. 대학 서열 구조와 극심한 입시 경쟁을 부추기는 근본적인 원인은 학벌 중심의 채용 문화와 학력에 따른 임금 격차에 있다. 결국 '좋은 대학'이 '더 높은 소득'으로 이어진다는 사회적 인식이 존재하는 한 학교 교육은 입시 중심에서 벗어나기 어려울 것이다. 따라서 정부는 블라인드 채용 확대 등 학벌 중심의 채용 문화를 개선하고, 학력, 기업, 성별, (비)정규직 등에 따른 임금 격차를 해소하며, 개인의 노력과 기여를 정당하게 인정하는 사회 시스템을 구축하는 데 적극적으로 나서야 한다. 이처럼 교육시스템뿐만 아니라 사회 시스템을 함께 개선해 갈 때 비로소 혁신교육의 성공적인 제도화가 가능할 것이다.

물론 제도화가 마법의 열쇠는 아니다. 제도는 자칫 혁신을 제약하는 결과를 초래할 수도 있다. 하지만 그런 우려 때문에 제도화를 방기하는 것은 더 큰 정체와 침체를 초래할 수 있다. 제도화는 난마처럼 얽힌 복잡하고 어려운 과제일지라도 한국 교육의 도약을 위해 반드시 넘어야 할 문턱이다. 이는 그동안 교원들이 열정과 헌신으로 쌓아온 혁신의 성과를 이어가고 확산하기 위한 기반을 다지는 작업이다. 제도적 기반을 마련해야 혁신을 항구적인 가치로 자리매김할 수 있을 것이다. 중요한 것은 획일적 기준을 강제하는 방식이 아니라 학교와 지역의 특수성을 고려하고 교사들의 자율성을 보장하는 방향으로 제도를 유연하게 설계하는 것이다.

결론적으로 혁신교육의 제도화는 단순히 법령과 제도를 정비하는 차원을 넘어 교육에 대한 철학적 성찰과 폭넓은 사회적 합의를 바탕으로 이루어져야 한다. 이는 지난 10~15년간 교사들이 일궈낸 성과와 자산을 바탕으로 한국 교육을 한 단계 도약시키는 원동력이 될 것이다. 혁신교육의 제도화를 통해 학교는 교육공동체로서 더욱 공고히 자리매김하고, 교사들은 안정적 환경에서 자신의 전문성을 발휘하여 혁신교육을 이끌고, 학생들은 스스로 삶과 진로를 설계하며 성장할 수 있을 것이다. 교육은 정치적인 이해관계나 단기적인 성과에 대한 강박을 벗어나 학생들의 배움과 성장을 제1원칙으로 삼아 장기적 관점에서 신중하게 접근해야 한다.

이러한 노력과 더불어 교육 당국, 교원 단체, 학부모, 지역사회 등 교육 주체들이 힘과 지혜를 모아 제도적 기반을 마련하고, 정책 결정 과정에 적극적으로 참여하며, 교육환경을 개선하는 데 힘써야 학생들이 행복하게 성장하는 '좋은 학교'를 만들어 갈 수 있다. 이러한 노력은 한국 교육의 체질 개선을 위한 시대적 과제이자 공동의 책임이다. 학교 교육이 사회 변화에 대응하고, 학생들이 주도성을 발현할 수 있도록 돕는 토대가 될 것이다. 교직원, 학생, 학부모, 지역사회가 함께 발전하는 선순환의 기반을 구축할 때, 비로소 한국 교육은 학생들이 행복하게 성장하고 미래 사회에 필요한 역량을 기르는 지속 가능한 시스템으로 거듭날 수 있다.

2. 교장 임용 제도 개선

　현행 교장 임용제는 승진제와 공모제로, 공모제는 초빙형, 내부형, 개방형으로 구분할 수 있다. 현재 일반적인 교장 임용 방식은 승진형이다. 교사가 승진 가산점, 연수 이수 등 일정한 자격 기준을 충족하여 교감으로 승진하고, 다시 교감 경력을 쌓아 교장 자격 연수를 이수하고 교육청 심사를 거쳐 교장으로 임용되는 방식이다. 오랫동안 교직 생활을 했기에 학교 현장에 대한 이해가 깊고, 교육 행정과 학교 운영에 대한 경험이 풍부한 경우가 많다. 그러나 특정 자격 요건과 점수 위주의 평가로 인해 다양한 역량을 갖춘 인재를 등용하기에는 한계가 있다. 승진 경로에 맞게 자기를 경영하는 교사들이 역량 있는 교장으로 성장하기 어렵다는 것이다.

교장공모제 공모 범위와 유형별 자격 기준[52]

유형	대상 학교	자격 기준		근거
초빙형	일반 학교	▶ 교장 자격증 소지자(교육공무원)		교육공무원법 제29조의3 제1항
내부형	자율학교, 자율형 공립고*	교장 자격 요구	▶ 교장 자격증 소지자(교육공무원)	교육공무원법 제29조의3 제2항 교육공무원 임용령 제12조의6 제1항, 제2항
		교장 자격 미요구 (내부형 신청 학교의 50% 이내)	▶ 교장 자격증 소지자(교육공무원) 또는 ▶ 초중등학교 교육경력 15년 이상인 교육공무원 또는 사립학교 교원	
개방형	자율학교로 지정된 특성화중·고, 특목고, 예·체능계고 자율형 공립고*	▶ 교장 자격증 소지자(교육공무원) 또는 ▶ 해당 학교 교육과정에 관련된 기관 또는 단체에서 3년 이상 종사한 경력이 있는 자 (교장 자격증 미소지자)		

* 자율형 공립고는 「교육공무원임용령」개정(2024. 10. 8. 시행)으로 내부형 또는 개방형 중 학교가 결정

---

[52] 교육부(2024년 11월 18일). 『2025학년도 교장공모제 추진계획』. https://www.moe.go.kr/boardCnts/viewRenew.do?boardID=327&boardSeq=101525&lev=0&searchType=null&statusYN=W&page=1&s=moe&m=0305&opType=N (2025년 6월 17일 접속).

초빙형은 학교의 특성에 적합한 교장을 공개 모집을 통해 임용하는 방식이다. 교장 자격증 소지자만 지원할 수 있으며, 학교운영위원회 등의 심사를 거쳐 임용된다. 내부형은 자율학교 및 자율형 공립고에서 신청할 수 있으며, 교장 자격증 소지자뿐만 아니라 15년 이상의 교육 경력을 갖춘 교장 자격증 미소지자도 지원할 수 있는 방식이다. 개방형은 주로 자율학교로 지정된 학교에서 운영하며, 교장 자격증 소지자는 물론 기업인, 연구원, 예술가 등 교장 자격증이 없는 외부 전문가 중 해당 학교 교육과정에 관련된 분야에서 3년 이상 종사한 경력이 있는 사람을 학교장으로 임용하는 방식이다. 이는 학교 교육에 새로운 활력을 불어넣고, 학교와 지역사회의 연계를 강화하며, 다양한 분야의 전문가를 유입하여 학교 교육력을 제고할 수 있다.

학부모들은 초빙형이나 내부형 공모제를 선호한다. 학교 교육의 질을 높이고, 민주적인 학교를 만들어 갈 수 있는 대안적인 임용 방식으로 보기 때문이다. 교장공모제에 대한 교사들의 만족도도 대체로 높은 편이다. '교육언론 창'에서 교사 875명(초등 548명, 중등 308명, 유치원 15명, 기타 4명)을 대상으로 실시한 '학교장에 대한 인식과 리더십' 설문 조사(2023.11.11.~11.17.) 결과, 내부형 공모 교장에 대해 77.6%('매우 그렇다' 59.6%, '그렇다' 18.0%)가 긍정적으로 응답했고, 개방형 공모 교장에 대해서는 56.5%('매우 그렇다' 34.1%, '그렇다' 22.4%)가 긍정적으로 답한 것으로 조사됐다. 일반 교장의 경우에는 '매우 그렇다' 10.8%, '그렇다' 19.1%로 긍정 응답은 29.9%에 그쳤다. 같은 설문에서 '교장 자리에 적격자가 임용될 수 있는 가장 좋은 방안'에 대한 교사들의 응답은 내부형 공모 69.9%, 선출 보직제 44.2%, 승진제 16.6%, 개방형 공모 10.7%로 나타났다.[53] 내부형 공모제에 대한 선호도가 월등히 높고, 선출 보직제가 2순위다.

교장공모제는 유능한 교장을 임용하고, 자율적이고 특색 있는 학교 운영을 도모하기 위해 도입한 제도다. '교육공무원법', '교육공무원임용령'에 근거를 두고 있다. 2007년부터 시범 운영을 거쳐 2011년 '교육공무원법' 개정을 통해 법제화되었다. '교육공무원법'에 따라 교육감 권한으로 교장공모제를 시행할 수 있으며, 구체적인 사항은 '교육공무원임용령'에 따른다. 교장공모제는 학교 운영의 자율성 확대, 학교 민주주의 실현, 다양한 경력의 학교장 임용, 교사들의 참여 의식 제고 등에 효과가 있었다. 물론 자격과 전문성 논란, 심사 기준의

---

53 '승진제 교장'보다 '공모제 교장'에 대한 교사 만족도 월등. 교육언론창, 2023년 11월 28일. https://www.educhang.co.kr/news/articleView.html?idxno=1464 (2025년 6월 17일 접속).

모호성, 과열 경쟁과 학교 내부 갈등, 선발의 공정성 논란, 공모 교장의 리더십 부족 등 문제점들이 적지 않다.

학교장을 공모하려면 학교 교직원 회의와 학부모 회의를 거쳐 일정 비율 이상의 동의를 얻은 후 학교운영위원회 심의를 통과해야 교육청에 신청할 수 있다. 학부모들은 대체로 공모 교장을 반기는 분위기다. 그러나 학부모들은 대부분 교장공모제를 모르는 경우가 많고, 교직원들은 부담 때문에 도입 과정에서 중단하는 사례가 많다. 부산교육청에서는 2024년 6월 27일 교장공모제 담당 장학사가 사망한 사건도 있었다. 부산의 한 중학교 교장공모제 미지정을 둘러싼 갈등과 민원이 담당 공무원의 사망으로 이어진 사건이다. 학교 측에서 지속적으로 민원을 제기했다고 한다. 최근에는 일부 교육청에서 교장공모제 비율을 축소하거나 폐지하는 추세다.

그럼에도 교장공모제를 과감하게 확대해야 한다고 본다. 교장공모제는 평교사에게도 학교 운영의 기회를 제공하고, 학교 운영의 자율성과 민주성을 확대하기 위해 도입한 제도다. 기존 승진제의 한계를 넘어 학생 중심 학교 문화 조성과 학교 자치 실현을 위한 실천의 기반이다. 즉 학교 민주주의 실현과 학교 운영의 자율성을 확대하는 데 기여할 수 있는 제도다. 특히 내부형은 잘 알려진 사례가 많다. 가령 경기도 고양시 덕양중학교 이준덕 교장(2012.3.1.~2020.2.28.), 세종특별자치시 해밀초등학교 유우석 교장(2020.9.1.~2024.8.31.), 충남 아산시 거산초 임대봉 교장(2022.9.1.~2026.8.31.)은 단위 학교 혁신교육의 도약과 성장을 일궈낸 사례로 손색없다. 또한 이들은 학교장 리더십의 측면에서 '승진'을 넘어 '보직' 개념에 가까운 사례를 창출했다.

'교육언론 창'의 설문 결과에서 보듯 선출 보직제도 도입할 필요가 있다. 선출 보직제는 학교 구성원들의 직간접 선거를 통해 학교장을 선출하고, 선출된 학교장에게 학교 운영에 대한 자율권을 부여하는 제도다. 학교장의 자리는 '승진' 혹은 '직위 획득'을 넘어 일정 기간 특정 직무를 수행하는 '보직' 개념이다. 즉 교장의 자리를 교사보다 상위에 위치하는 반영구적 '지위' 개념을 넘어 '역할' 수행으로 바꾸려는 제도다. 교장 임기가 끝나면 다시 교사로 돌아가 수업과 교육 활동을 담당하게 된다. 학교장 선출의 취지는 교육감이나 교육부 장관의 일방적인 임용 방식을 넘어 학교 자치를 강화하고 민주적 의사결정 과정을 도입하려는 것이다.

추가하자면 선출 보직제는 학교 조직의 경직성을 해소하고 민주적이고 유연한 학교 운영을 지향하는 제도라고 할 수 있다. 승진제의 폐단 해소, 다양한 인재 등용, 학교 민주주의 강화 등 다양한 효과를 기대할 수 있다. 위계화된 지위를 넘어 역할 중심의 수평적 리더십을 기대할 수 있다는 점에서도 긍정적이다. 선출 보직제 도입은 학교 민주주의 실현, 학교 운영의 자율성 확대 등 학교 자치를 강화하는 계기가 될 것이다. 학교 교육력 제고, 학교 구성원들의 만족도 증진, 지역 사회와의 연계 강화 등 다양한 효과를 기대할 수 있다. 선출 보직제 도입은 학교장 임용 방식의 변화를 넘어 학교를 교육공동체로 만들어 가는 제도적 기반이 될 것이다.

선출 보직제는 교장 임용 제도의 민주화를 요구하며 등장한 개념이다. 2005년 11월 17일, 민주노동당 최순영 의원이 '교육공무원법 일부 개정 법률안'을 국회에 제출한 바 있다.[54] 그 후로도 오랫동안 논의해 왔음에도 아직 법제화되지 않았다. 찬반 의견의 첨예한 대립과 예상되는 부작용에 대한 우려 때문이다. 선출 보직제를 도입하기 위해서는 사회적 합의가 필요할 것이다. 교육 당국, 학교, 학부모, 지역 사회 등 교육 주체들의 적극적인 참여와 노력이 필요하다. 물론 교장공모제가 그렇듯 선출 보직제 또한 맹점이 없는 것은 아니다. 과열 경쟁, 갈등, 학교 내부 구성원의 파벌 형성, 교장 리더십 약화, 임기 종료 후 평교사로 돌아가야 하는 부담 등의 문제점

---

54 최순영 의원, 「'교장선출보직제' 입법 발의」, 프레시안, 2005년 11월 17일. https://www.pressian.com/pages/articles/47880 (2025년 6월 17일 접속).

이 예상된다. 이 같은 문제들을 제어할 수 있는 규정과 제도적 기반을 정비해야 할 것이다. 새로운 실험과 도전에는 시행착오가 따르기 마련이다. 교육 주체들의 적극적 관심과 참여, 개선을 위한 노력으로 학교 교육의 질을 높이고, 학생 교육에 기여할 수 있을 것이다.

학교장 임용 제도 간 경쟁이 필요하다. 승진제, 공모제, 보직제 간 경쟁은 학교 사회를 크게 바꿔 놓을 것이다. 내부형 공모제나 보직제는 혁신교육의 진전과 학교 단위 교육의 연속성 확보 측면에서도 크게 기여할 수 있는 제도다. 공모제 확대와 보직제 도입으로 단위 학교에서 이를 선택할 수 있게 된다면, 교장 임용 제도를 크게 개선할 수 있다. 1964년 이후 현재와 같은 승진 점수 중심의 승진제를 유지해 왔다. 경력, 근무 성적, 연수 성적, 가산점 등 실적 중심의 승진 제도가 자명한 것인가? 불변의 가치인가? 변화하는 교육 환경과 교직 사회의 특수성을 고려하여 끊임없이 개선해 가야 한다. 승진제 중심 제도의 안전핀을 과감하게 뽑아야 한다.

3. 교원 순환전보제 개선

교원 순환전보제는 '교육공무원임용령'을 근거로 시도교육청의 인사관리 원칙에 따라 시행하고 있다. 지역에 따라 다르나 통상 경합 지역 근속기간은 8~10년, 동일교 근속기간은 5년이 만기다. 순환전보제는 교원들이 "동일직위 또는 지역에서의 장기근무로 인한 침체를 방지하고 능률적인 직무수행을 기할 수 있도록"[55] 하기 위해 시행하고 있다. 교사들이 여러 지역과 다양한 학교의 교육 환경을 경험하면서 전문성을 함양할 수 있다는 점에서는 긍정적이다. 그러나 지역 만기와 동일교 5년 만기 순환전보제는 혁신교육과 마을교육의 연속

---

55 교육공무원임용령 제13조의3 참고. 「교육공무원임용령」(대통령령 제34930호, 2024. 10. 8., 일부개정), 국가법령정보센터. https://law.go.kr (2025년 6월 21일 접속).

성을 저해하는 요인이기도 하다. 즉 구성원이 바뀔 때마다 혁신교육과 마을교육의 정체와 후퇴의 고비가 반복된다.

물론 순환전보제는 교원 간 정보와 경험 공유, 특정 학교 침체 방지 등 여러 측면에서 긍정적인 효과가 있다. 교사들이 여러 학교를 거치면서 교육 노하우나 우수 사례를 접할 수 있고, 다른 학교에 도움을 주기도 한다. 이는 학교 간 격차를 줄이고, 전반적인 교육 수준을 상향하는 효과가 있다. 새로운 교사들이 유입되면서 학교에 활력이 생기고, 침체를 방지하는 효과가 생기는 것이다. 교사가 다양한 배경의 학생들과 만나고, 각기 다른 학교 문화와 교육환경을 경험하면서 시야와 역량을 키우는 데에도 도움이 된다. 한 학교에 오래 근무하면서 빠질 수 있는 매너리즘, 폐쇄적 관계에서 발생할 수 있는 각종 비리와 부패 가능성도 줄일 수 있다.

앞서 잠깐 언급했듯 현행 순환전보제는 부정적 측면, 즉 문제점도 적지 않다. 우선 교육의 연속성과 전문성을 저해할 수 있다는 점이 그렇다. 혁신교육, 마을교육, 정보교육, 예체능 등 특정 분야에 전문성을 갖춘 교사가 공들여 구축한 특화된 교육과정이나 중장기 프로젝트가 쉽게 중단될 수 있다. 가령 다년간 마을 연계 교육과정을 운영하며 지역사회와 협력 체계를 구축한 교사가 근속 만기로 떠날 경우, 후임 교사가 그 관계망과 교육과정의 연속성을 유지하기가 쉽지 않다. 교사가 학교를 옮기면, 학교의 비전과 교육 목표, 교육과정, 학교 문화, 학생과 학부모, 지역사회 등을 파악하고 적응하는 데에 상당한 시간이 소요된다. 이는 새로운 학교에 대한 기여를 어렵게 만들고, 단위 학교 교육의 연속성을 저해하는 결과로 이어질 수 있다.

교사 간 업무 인수인계 과정에서 인수인계가 불완전하면, 후임자가 업무를 추진하는 과정에서 시간과 노력을 낭비하게 된다. 업무 적응과 환경 변화에 따른 스트레스도 문제다. 새로운 학교의 행정 시스템, 동료 교사들과의 관계, 학생과 학부모 등 새로운 환경에 적응하는 데 상당한 시간과 에너지가 소모된다. 이 과정에서 발생하는 심리적·육체적 피로는 교사들에게 큰 부담으로 작용한다. 통근 거리가 멀어지거나 원하지 않는 지역으로 이동해야 하는 경우 이사와 주거 문제로 인한 경제적·시간적 부담이 커진다. 이러한 주거와 생활 안정성 저해는 교사의 삶, 육아와 가족 돌봄에도 영향을 미쳐 사기 저하와 직업 만족도 하락으로 이어질 수 있다.

순환전보제의 경직성과 비합리적 측면도 문제다. 학교의 특수성, 교사의 전문성, 교사 개인의 상황 등을 고려하지 않은 채 획일적으로 원칙을 적용한다는 점이다. 기여도나 능력과 무관하게 순환 전보 원칙에 따라 인사가 이루어지면, 유능한 교사가 특정 학교에 장기적으로 기여할 수 있는 기회를 박탈하게 된다. 가령 학교의 특색 사업을 성공적으로 이끌거나 마을교육공동체 구축에 크게 기여한 교사가 그 기여도나 능력과 무관하게 순환 전보 원칙에 따라 강제로 이동하는 사례가 있다. 이는 학교가 쌓아 올린 교육적 성과와 노하우의 단절로 이어져 학교 발전의 동력을 약화시키며, 유능한 교사의 전문성을 효율적으로 활용하지 못하는 결과를 낳는다.

나아가 학교장이 학교를 운영하고 발전시키기 위해 중장기 비전을 세우고 과제를 설정하더라도 리더 교사들이 전보되면 그 실행력이 현저히 약화될 수밖에 없다. 이렇듯 교사의 잦은 이동은 학교 교육의 연속성을 해치고, 안정적인 교육 시스템 구축을 어렵게 만든다. 이는 순환전보제가 학교 현장의 다면적이고 역동적인 현실을 간과하고 있다는 것을 방증한다. 결과적으로 이는 교사들이 학교에 대한 소속감과 주인의식을 갖기 어렵게 만든다. 교원 구성이 자주 바뀌면 학교의 독특한 문화와 정체성을 형성·유지하는 데에도 어려움이 생긴다. 결국 이는 학교를 단순한 조직이 아닌 살아있는 공동체로서 발전시키려는 노력을 저해하는 주요 원인이다.

혁신교육은 학교의 특성과 지역의 강점을 살려 창의적이고 자율적인 교육과정을 운영하는 것을 목표로 한다. 이는 교사들의 경험과 노하우, 실천의 공동체성과 신뢰 관계가 기반이 되어야 가능하다. 가령 학교 특색 교육이나 지역 연계 교육 등은 교사들의 헌신적인 노력과 학생, 학부모, 지역 주민들과의 긴밀한 협력을 통해 성장할 수 있다. 5년 만기 순환 전보는 이러한 교육적 노력의 연속성을 단절시키는 주된 원인이 된다. 한 학교에서 교육적 성과를 일궈가던 교사들이 다른 학교로 전보되면, 그들이 쌓아 올린 교육 노하우와 관계망을 유지하기 쉽지 않다. 이는 혁신교육의 실험과 도전을 좌초시키거나 그 효과를 반감시키는 결과를 초래한다.

마을교육도 마찬가지다. 마을교육은 학교와 마을이 함께 아이들을 키우는 데에 초점을 둔다. 이를 위해서는 교사들이 지역사회를 깊이 이해하고, 마을과 함께 교육을 기획하고 실행하는 역량이 중요하다. 하지만 5년 만기 순환 전보는 교사들이 지역에 대한 이해를 높이고 관계망을 구축하는 데 어려움을 겪게 만든다. 이는 '마을 속의 학교'를 실현하기 어렵게 만들고, 마을교육의 지속성을 저해하며, 학교와 지역사회의 연계를 약화하는 결과를 낳을 수 있다. 결론적으로 순환전보제는 특정 학교의 침체 방지와 교사 간 교류를 통한 역량 강화라는 장점이 있음에도 혁신교육과 마을교육, 학교의 자율성 증진이라는 시대적 흐름에 역행하는 측면이 있다.

현행 순환전보제는 '좋은 학교' 만들기에 걸림돌이 된다는 지적이 많다. 혁신교육으로 '좋은 학교'를 만들어 가기 위해서는, 학교가 지역사회와 연결된 '마을 속의 학교'로 자리 잡기 위해서는 교원 인사 관련 법령과 제도를 과감하게 개선해야 한다. 즉 '교육공무원임용령'과 시도교육청의 인사관리 원칙을 재정비해야 한다는 것이다. 그래야 학교의 특수성, 교사의 전문성, 교사 개인의 상황 등을 종합적으로 고려한 인사가 가능하다. 혁신교육, 마을교육 등 학교의 특성에 따라 전보 주기를 연장하거나 장기 근무를 허용하는 방안을 적극적으로 모색해야 한다. 교사들은 자신의 역량을 발휘할 수 있는 학교에서 근무할 때 높은 만족도와 성과를 보인다. 그런 점에서는 '장기 근무' 혹은 '학교 특성화' 전보제 같은 유연한 제도를 도입할 필요도 있다.

물론 이를 위해서는 사회적 합의가 필요하다. 교원 순환전보제 개선은 학교가 교육공동체로 자리매김하고, 혁신교육을 지속적으로 가동할 수 있는 기반이 될 것이다. 순환전보제의 취지를 살리면서도 혁신교육과 마을교육의 연속성을 확보하고, 교사들이 역량을 최대한 발휘할 수 있도록 제도를 개선해야 한다. 교육 당국, 교원 단체, 학부모, 지역사회 등 교육 주체들의 충분한 논의와 사회적 합의가 필요하다. 획일적 기준을 넘어 지역의 요구를 반영하고, 학교의 비전을 실현할 수 있는 유연한 인사 시스템을 구축해야 한다. 한 명의 교사가 한 학교에서 10년가량 근무하며 교직원, 학생, 학부모, 지역사회와 함께 성장하는 그림을 그릴 수 있을 때, 비로소 '좋은 학교' 만들기가 가능하고, 지속 가능한 교육의 미래를 열어갈 수 있을 것이다.

추가하자면 순환전보제를 교육의 안정성과 전문성을 높이는 방향으로 개선하여 지속 가능한 교육시스템을 만들어 가야 한다. 단일한 기준을 똑같이 적용해야 한다는 강박이나 획일적인 형평성을 강조하는 방식으로는 혁신교육과 마을교육의 성공적인 사례를 기대하기 어렵다. 교사들의 자율성과 전문성을 존중하고, 학교와 지역의 특성을 고려한 유연한 인사 시스템을 구축함으로써 교사들이 안정적인 환경에서 교육활동에 전념하고, 학생, 학부모, 지역사회와 깊이 있는 관계를 맺으며, 창의적인 교육을 펼칠 수 있도록 해야 한다. 순환전보제 개선으로 학교와 교사, 학생과 학부모, 지역사회 모두가 만족하는 '좋은 학교'를 만들어 갈 수 있기를 기대한다.

현재의 획일적인 교원 인사 시스템으로는 학교 특성화 교육이나 새로운 교육 모델을 창출하는 데 한계가 있다. 전문성 있는 교원 확보, 지역사회와의 연계 강화, 혁신교육 모델 확산 등 혁신교육과 마을교육의 성공적인 정착을 위해서는 현행 인사 시스템을 보완하는 인사 특례 제도를 도입하는 것도 방법이다. 즉 학교나 지역의 특수한 상황과 교육적 필요에 따라 교원의 임용, 전보, 근무 기간 등을 유연하게 적용하는 제도가 필요하다는 것이다. 이는 학교 현장에서 혁신적이고 창의적인 교육 모델을 창출하는 데에 크게 기여할 것이다. 다만, 인사 특례 제도 도입 과정에서 나타날 수 있는 문제점들을 충분히 검토하고 보완하는 노력이 함께 이루어져야 할 것이다. 특히 공정성과 투명성 확보, 명확한 기준 마련 등을 빈틈없이 고려해야 한다.

4. 마을교육의 법제화

 시도교육청의 마을교육 정책이 축소하거나 후퇴했다. 2022년 대선과 지방선거, 2024년 광역단체장 선거 결과에 따른 정세 변동의 영향이 컸다. 교육감이 바뀌면서 교육정책의 연속성이 흔들리고, 혁신교육지구 사업의 동력이 약화했다. 교육감이 바뀔 때마다 겪는 일이다. 정책 사업의 명칭이나 내용이 변경되면서 정책의 이음매가 어긋나고, 그로 인해 교육 현장에 혼란을 빚기도 한다. 마을교육 관계자들의 피로감과 참여 동기 약화도 원인이다. 초창기에는 마을교육 관계자들의 열정과 헌신에 기대어 사업을 추진해 왔으나 그와 같은 방식은 더 이상 유효하지 않다. 학교 현장에서 추가적인 업무 부담으로 여긴다는 점도 진전을 저해하는 요인이다.
 물론 교육 당국의 정책과 사업은 변경될 수 있다. 시대의 흐름과 사회적 환경의 변화에 따라 교육정책이 바뀌는 것은 자연스러운 현상이다. 시대의 흐름에 따라 새로운 패러다임과 시선이 기입되기 때문이다. 가령 에듀테그(Edu-tech)가 새롭게 부상하면서 교육정책이 에듀테크와 AI 활용 교육으로 옮겨가듯 과학기술의 성과는 교육의 변화를 동반한다. 에듀테크와 AI 기술이 전 세계를 휩쓸고 있으며, 뒤질세라 다투어 교육 현장에 도입하고 있지 않은가. 그런 맥락에서 교육정책의 변화 혹은 조정은 필요한 일이다. 지방자치단체장 선거 결과에 따라 정책의 방향과 예산의 규모가 달라질 수 있다. 우선순위가 바뀌거나 종래의 정책이 일몰될 수도 있다.

이렇듯 선출직 체제하에서 정책의 변화는 주기적으로 반복된다. 단체장이 바뀌면 정책을 바꾸는 게 다반사니까. 문제는 새로운 비전과 정책도 없이 종래의 정책을 부정하거나 흔적을 지운다는 것이다. 사업명과 내용을 바꾼다는 것이다. 그로 인해 종래의 정책이 흔들리거나 흔적 없이 사라진다. 그런 맥락에서 선거 결과에 따라 정책이 바뀌는 것은 사업의 지속가능성을 위협하는 심각한 문제다. 가령 아산시는 2022년 지방선거로 기초단체장이 바뀌면서 2023년 1월 행복교육지구 업무 협약을 일방적으로 파기했다. 협약 파기는 아산 마을교육의 축소와 후퇴로 이어졌다. 이렇듯 법적 근거가 없는 마을교육 정책은 그 안정성과 지속성에 한계가 있다.

추가하자면 경기도 사례가 대표적이다. 경기도는 김상곤

교육감 재임기(2009.5.6.~2014.3.1.)에 혁신교육지구 사업의 선두 주자였다. 이재정 교육감 재임(2014.7.1.~2022.6.30.) 시절에 시흥시, 오산시, 화성시는 수많은 사람들이 찾아가는 대한민국 마을교육의 1번지였다. 2022년 임태희 교육감 당선 이후 급격한 변화를 겪었다. 2022년 7월에 취임한 임태희 교육감은 이전 교육감이 시행해 오던 혁신학교 정책, 혁신교육지구 사업, 경기마을교육공동체 사업을 전면 '재구조화'한다고 선언한 뒤 '혁신학교'는 '미래학교'로, '혁신교육지구'는 '미래교육지구'로, '마을교육공동체'는 '지역연계교육'으로 이름을 바꾸고 관련된 정책 사업을 대거 변경하고 축소했다.[56]

임태희 교육감은 종래의 '혁신교육'에서 '미래교육'과 '공유학교'[57]로 방향을 전환하고 있으나 그 정책은 단절과 퇴보에 가깝다. 이렇듯 법적 근거와 제도적 기반이 없는 교육 정책은 지속성과 안정성을 기대하기 어렵다. 앞서 언급했듯 단체

---

56 이부영, 조상식, 「마을교육공동체 정책의 변화 과정에 대한 비판적 분석: 경기도교육청 '경기꿈의학교'(현 '경기이룸학교') 사례를 중심으로」, 『교육문화연구』 30권 5호 (2024), 5~25쪽.

57 '공유학교'란 "지역사회와의 협력을 기반으로 학생 맞춤교육과 다양한 학습 기회를 보장하기 위한 학교 밖 학습 플랫폼"으로, 인력, 공간, 시스템 등 지역의 역량과 자원을 공유·활용하여 교육 프로그램을 운영한다. 경기공유학교. https://gong-u.goe.go.kr/base/main/view (2025년 6월 5일 접속)

장이 바뀔 때마다 이 같은 상황이 주기적으로 반복된다. 정책 사업의 치명적인 약점이다. '학교와 마을이 함께하는 교육'이 중요하다면, 이를 위한 법적 근거와 제도적 기반을 마련해야 한다. 정책 사업은 언제든 중단될 수 있다는 불안감 때문에 교원, 학부모, 지역 주민들이 적극적으로 참여하기도 어렵다. 학교와 지역사회의 긴밀한 협력이 필요한 마을교육의 지속성과 안정성을 위해서는 법제화가 필요조건이다.

마을교육의 가치와 중요성을 공유하고, 지속 가능한 교육 정책을 수립할 수 있도록 국가 차원에서 법령과 제도를 마련해야 한다. 국가의 법령과 제도는 선거 결과나 지방자치단체장의 개인적인 철학에 관계 없이 마을교육을 안정적으로 추진할 수 있는 법적 근거를 제공할 것이다. 전국적으로 일관된 기준과 방향을 제시하여 지역 간 편차를 줄이고, 교육의 질을 균등하게 보장할 수 있을 것이다. 법령에 근거한 예산 확보를 통해 안정적인 재정 지원을 가능하게 하고, 장기적인 투자 계획을 수립할 수 있도록 할 것이다. 법령 제정을 통해 마을교육의 중요성에 대한 사회적 공감대를 형성하고, 교육 주체들의 적극적인 참여를 유도할 수 있을 것이다.

가령 일본의 '공민관(公民館)'은 마을교육 법제화의 성공 모델을 잘 보여준다. 일본은 1949년에 「사회교육법」을 제정하고, 공민관이라는 사회교육기관을 설치·운영해 왔다. 지역 주민의 교양 향상, 건강 증진, 정서 순화, 생활 문화 진흥, 사회복지 증진을 목적으로, 실생활에 유용한 교육, 학술, 문화에 관한 각종 사업을 운영한다.[58] 아동, 청소년, 성인, 노인 등 모든 세대를 위한 프로그램과 활동을 제공한다. 아동부터 노인까지 모든 지역 주민이 함께 배우고 교류하며 지역 공동체를 형성하는 평생교육과 지역 자치의 거점으로 기능하는 곳이다. 지방자치단체가 법적 근거를 바탕으로 전문 인력을 배치하고, 예산을 안정적으로 지원하는 공공시설이다.

일본의 공민관 사례는 마을교육 법제화가 지역 교육력 제고와 공동체 의식 함양에 중요한 역할을 한다는 사실을 잘 보여준다. 우리나라에서도 마을교육의 법적 근거를 마련하려는 노력은 있었다. 권인숙 의원이 2021년 11월 4일 '마을교육공동체 활성화 및 지원에 관한 법률안'[59]을 발의한 바 있다. 앞서 2021년 8월, '지역사회혁신 활성화 지원에 관한 법률안'과 권인숙 의원 발의안의 통합 논의 과정에서 중복 입법 문제가 제기되기도 했다. 이에 행정안전부가 주도하여 '마을공동체

---

58 사회교육법(쇼와 24의 법률 제207호). e-GOV 法令檢索. https://laws.e-gov.go.jp/law/324AC0000000207 (2025년 6월 5일 접속)

59 마을교육공동체 활성화 및 지원에 관한 법률안(2021.11.4. 권인숙 의원 대표 발의). 의안정보시스템. https://likms.assembly.go.kr/bill/main.do (2025년 6월 5일 접속)

및 지역사회혁신 활성화 통합 법률안'을 제안했으나 현장의 의견이 충분히 담기지 못했다는 비판을 받았다. 2022년 3월에는 권인숙 의원과 안민석 의원이 '마을교육공동체 활성화 및 지원법 제정 방안 국회 토론회'[60]를 공동 개최하는 등 법안을 지속적으로 추진했다. 아쉽게도 다른 시급한 과제들에 밀려 21대 국회 임기 만료와 함께 법안이 폐기되었다.

21대 국회에서 법안이 폐기되었지만, 마을교육 법제화의 필요성은 여전히 유효하다. 물론 다수의 광역·기초자치단체에서 조례를 제정하고 관련 사업을 추진하고 있다. 그러나 법적 근거와 제도적 기반이 부족하여 마을교육을 활성화하기에는 한계가 있다. 조례는 단체장 선거 결과에 따라 '죽은 조례'로 전락하거나 폐지되기도 한다. 선출직 선거 결과에 상관없이 안정적으로 정책과 사업을 추진할 수 있도록 '마을교육 활성화 지원법'(가칭)을 만들어 지원의 기반을 마련해야 한다. 그동안의 성과를 바탕으로 법적 근거와 제도적 기반을 마련하는 방식으로 전환해야 한다는 것이다. '2022 개정 교육과정' 총론에서도 '지역사회와 교육공동체 간 상호 협조체제'를

---

60 안민석 TV, "마을교육공동체 활성화 및 지원법 제정 방안 국회 토론회," *YouTube*, 2022년 3월 22일 게시, https://www.youtube.com/watch?v=fbE7KKtWx40 (2025년 6월 7일 접속)

강조하듯 마을교육은 국가 차원에서 지원하고 육성해야 할 중요한 교육 영역이다. 민의 열정과 헌신에만 기대는 방식이 더 이상 가능하지 않다는 점에서도 새로운 활로를 열어야 한다.

마을교육의 필요성과 가치에 대한 사회적 합의를 이끌어 내고, 국가와 지방자치단체, 학교, 지역사회 등 각 주체의 역할을 명확히 하여 공적인 책임을 강화해야 한다. 이는 마을교육을 교육의 중요한 한 축으로 보게 하는 효과도 있을 것이다. 법제화를 통해 마을교육의 목적과 정의, 운영 방식 등에 관한 기준을 정하고, 국가와 지방자치단체의 정책 수립, 재정 지원, 행정 지원 등의 책임과 역할을 구체적으로 제시해야 할 것이다. 그리하여 단체장이 바뀌면 사라질 수 있는 정책 사업이 아닌, 국가와 지방자치단체가 책임지고 지원해야 할 교육으로 자리매김해야 한다. 이를 바탕으로 지역 특성을 반영한 다양한 모델이 발전할 수 있도록 해야 할 것이다.

'학교와 마을이 함께하는 교육'을 실현하기 위해서는 마을교육 협력체제 구축이 중요하다. 가령 읍면동 단위 '마을교육협의회'나 '마을교육자치회'와 같은 학교-지자체-지역사회 간의 협력체계 구축과 운영에 관한 사항도 포함해야 한다. 기초지자체와 교육(지원)청 내 마을교육 담당 부서를 재정비하고, 시·군·구청에 '마을교육지원센터'를 설치하여 마을학교 운영, 교육 프로그램 개발, 인력 양성 등을 지원해야 한다. 마을학교가 지역교육의 거점으로 기능하도록 운영과 지원 기준도 마련해야 한다. 마을학교 설치 기준, 교육과정 운영, 마을교사 자격, 재정 지원 등에 관한 구체적인 기준을 마련하여 안정적으로 운영할 수 있도록 해야 할 것이다.

마을교육을 이끌어 갈 인력의 체계적인 양성과 이들의 활동을 위한 제도적 기반도 마련해야 한다. 전문 인력의 자격 기준, 양성 과정, 역할, 처우 등에 관한 사항을 포함하여 이들이 학교와 지역사회를 연결하고, 학생의 배움과 성장을 돕는 역할을 안정적으로 수행하도록 지원해야 한다. 참고로 마을교육 관련 사업수행 인건비를 지급할 수 있도록 지자체의 「보조금 예산편성원칙 및 회계처리기준」과 관련 법령도 바꿔야 한다. 이들의 자격 기준, 역할, 처우 등에 대한 법적 근거를 마련하면, 전문성 확보는 물론 활동을 지속적으로 지원할 수 있다. 아울러 마을교육 사업을 전담하는 행정 인력을 확보하여 사업 추진의 전문성과 효율성을 높여야 한다.

기존의 교육 관련 법령이나 유관 법령을 개정하는 방식도 있다. '초·중등교육법', '지방자치에 관한 법률', '평생교육법' 등에 마을교육 관련 조항을 신설하는 것이다. 현행 법령에 마을교육 관련 조항을 추가하여 학교와 지역사회의 협력을 강화할 수 있다는 것이다. 가령 '초·중등교육법'에 학교와 지역사회가 함께하는 교육활동을 권장하거나 의무화하는 내용을 명시할 수 있다. '지방자치에 관한 법률'에 마을교육 활성화와 관련한 교육감과 교육청의 역할을 포함하여 지방교육자치 차원에서 마을교육에 대한 지원을 강화하는 것도 하나의 방법이다. '평생교육법'에 마을교육 관련 조항을 신설하는 것도 좋은 방법이다. 마을교육을 평생교육의 한 형태로 규정하고 지원 근거 마련하면, 지역 주민의 평생학습 참여 기회도 확대할 수 있을 것이다.

마을교육의 법제화는 복잡한 과제다. 물론 법제화가 마을교육과 관련한 문제를 일거에 해결할 수 있는 마법의 열쇠는 아니다. 법을 제정하더라도 그 내용이 현실과 괴리될 수 있으며, 취지와 어긋나게 법을 이용하는 사례도 등장할 것이다. 그런 점에서는 지역 특성에 맞는 모델을 끊임없이 개발해야 하고, 현장 적용의 유연성과 오용에 대한 경계도 필요할 것이다. 그럼에도 선거 결과에 따른 불안정성을 넘어서려면, 미래 교육의 중요한 흐름이자 공교육의 한 축으로 자리매김하기 위해서는 법적 근거와 제도적 기반을 마련해야 한다. 이는 그동안의 성과를 바탕으로 대한민국 교육의 지형도를 바꾸는 전환의 기점이 될 것이다. 더 이상 미룰 수 없다.

5. 지역 소멸 시대, 작은 학교와 마을의 대응

　인구 감소와 지역 소멸 위기가 심각하다. 저출생·고령화, 인구의 도시 집중 현상이 심화하고 있다. 학령인구가 감소하면서 입학생이 없어 문을 닫는 유치원과 초등학교들이 속출하고 있다. 이와 같은 상황은 수도권의 일부 지역도 마찬가지다. 중고등학교 폐교는 시간문제다. 이는 마을과 지역의 소멸로, 대학과 기업의 위기로, 국가의 위기와 국민의 부담으로 이어진다. 또 지방의 소멸은 도시의 부담으로 이어진다. 각계에서 이 같은 '위기의 연쇄'에 대해 이야기하고, 중앙정부와 지방정부는 지역 소멸 위기에 대한 대응에 초점을 두고 정책을 펼치고 있다.

　다자녀 출산 지원, 국내외 외부 인구 유입 등이 대표적인 정책이다. 출산 장려금 지원, 임신·출산 의료비 지원, 보육과 돌봄 지원 등의 출생률 제고 정책과 일자리 창출과 취업 지원, 귀농·귀촌 지원, 외국인 주민 지원 등의 인구 유입 정책으로 요약할 수 있다. 필요한 정책이긴 하나 여성을 인구 유지를 위한 '출산-기계'로 보는 인구 정책이나 인구 유입과 관련한 각종 담론과 정책이 해법이 될 수 있을까. 그런다고 인구가 증가할까. 저출생과 인구의 도시 집중은 젊은 세대들이 사회적 환경의 변화에 맞게 자기 삶을 설계하는 과정에서 나타나는 현상이다.

그런 점에서 그와 같은 얄팍한 정책으로 지역 소멸 위기를 해결해 보겠다는 것은 순진한 생각이다. 인구 감소가 문제일까? 출생률 증가와 인구 유지가 사회발전의 지표인가? 다르게 볼 필요가 있다. 인간이 초래한 기후 위기의 측면에서 보면 현재의 인구를 유지하는 것은 오히려 반생태적인 재앙이다. 지금과 같은 방식으로 개발하고 소비한다면, 기후 위기의 파국을 피할 수 없을 것이다. 그런 점에서 인구 감소는 오히려 긍정적인 것이 아닐까. 물론 지역 소멸은 또 다른 문제다. 그럼에도 지역 살리기를 인구 유지와 증가 문제로만 접근할 일은 아니다.

지역재생이나 작은 학교 살리기와 관련하여 일본 도쿠시마 현의 가미야마 마을 사례[61]나 경남 함양군의 서하초 사례

---

61 간다 세이지, 『마을의 진화』, 류석진, 윤정구, 조희정 옮김, 반기, 2020.

는 시사하는 바가 크다. 특히 서하초 사례는 마을과 지역을 살리는 "가성비 좋은 전략"[62]을 잘 보여준다. 인구가 감소하더라도 지역민들이 '살기 좋은 마을'을 만들어 가야 한다. 같은 맥락에서 학령인구가 감소하더라도 지금의 학생들이 '좋은 삶'을 설계하고, '더 나은 사회'를 만들어 가는 시민으로 성장하도록 돕는 일은 중요하다. 인구 유입이나 학생 수 증가가 이를 보증하는 것은 아니다. 그런 측면도 작은 학교와 지역을 살리려는 이유가 아닐까. 충남 아산시 송악면의 사례와 세종특별자치시 해밀교육마을 사례[63]는 이를 잘 보여준다.

앞서 언급했듯 한국 사회는 저출생·고령화 현상의 심화로, 인구의 도시 집중으로 지역 소멸 위기에 직면해 있다. 학교를 폐교하면 마을이 사라지는 것은 시간문제다. 그런 점에서 학교가 사라지는 것은 학교만의 문제가 아니다. 즉 학교, 학부모, 교육청, 지자체, 지역사회가 함께 해결해야 할 숙제다. 교육 당국은 1982년에 도입한 '작은 학교 통폐합 정책'과 2000년대 초반에 시작한 '작은 학교 육성 지원 정책'을 동시

---

62 김지원, 『시골을 살리는 작은 학교』, 남해의봄날, 2023. 174쪽.

63 유우석 외, 『새로운 학교의 탄생』, 도서출판 수류화개, 2024., 양병찬·김은경·한혜정·김현진·현영임(2024). 「지역사회 학습 허브로서의 학교 가능성 탐색을 위한 연구: 해밀교육마을 사례를 중심으로」. 세종특별자치시교육청 교육정책연구소.

에 추진해 왔다. 이어 2009년 8월 이후 '적정 규모 학교 육성 정책'을 명시적으로 추진해 왔다.[64] 이는 '교육재정 효율화와 교육여건 개선'을 위한 정책으로, 그 실행 방법들 가운데 하나가 작은 학교 통폐합이다. 물론 학교 통폐합 전까지는 작은 학교 육성 지원 정책이 유효하다. 그러나 교육 당국의 관심과 투자를 기대하기 어려운 것이 현실이다. 즉 작은 학교와 마을을 살리기 위해서는 자구의 노력이 필요하다는 것이다.

작은 학교와 마을 살리기와 관련하여 몇 가지 모델을 생각해 볼 수 있다. 이주, 유학, 통학 모델이다. 이주 모델은 도시 학생과 가족이 시골로 이주하는 방식이다. 초기 비용 부담이 큰 방식이다. 그만큼 민·관·산·학의 적극적인 협력과 연대가 필요하다. 유학 모델은 도시 학생이 일정 기간 시골 학교로 전학하는 방식이다. 농산어촌 유학은 주거 공간과 체류비 등의 지원이 필요하다. 통학 모델은 도심지 학생이 근거리 시골 학교로 통학하는 방식이다. 이를 위해서는 학구 조정과 통학버스 지원 등이 필요하다. 각 모델의 장단점을 정리하면 아래의 표와 같다.

---

64 교육과학기술부. "소규모학교의 적정규모화를 위한 종합적인 육성 방안 추진." 보도자료. 대한민국 정책브리핑, 2009년 8월 27일. https://korea.kr/briefing/pressReleaseView.do?newsId=155367529.

이주·유학·통학 모델의 장단점

구분	장점	단점
이주 모델	• 학생 수 증가로 학교 유지와 운영 안정화 • 기존 학생들의 관계 다양성 증진 • 학생 맞춤형 특색 교육 강화 • 이주 가족의 유입으로 학교와 마을의 활력 증진 • 이주 가족의 소비 활동 → 지역 경제 활성화에 일부 기여 • 마을공동체의 다양성 증진과 새로운 관계망 형성	• 이주민 정착의 어려움(주거, 일자리, 생활 인프라 등) • 선주민과 이주민 간에 갈등이 생길 수 있음 • 이주 가정의 정착 실패로 역이주 위험이 있음 • 지속적인 이주 가정 유치와 지원 시스템 마련 부담 • 학교와 마을의 지속성 불투명(일시적인 현상일 수 있음) • 부동산 가격 상승으로 선주민 부담 증가
유학 모델	• 학생 수 유지와 학교 운영의 안정성 확보 • 시골의 자원과 역량을 활용한 특색 교육 강화 • 도시 학생들에게 시골의 자연과 문화 체험 기회 제공 • 도시 학생들의 정서적 안정과 사회성 함양 • 도시 학부모의 학교 교육 만족도 증진	• 유학생 모집 결과에 따른 학생 수의 유동성 • 유학생과 기존 학생들 간에 갈등이 생길 수 있음 • 학교의 유학생 관리, 지원, 교육 관련 업무 증가 • 유학생 가족 지원 비용 부담(주거, 체류비 등) • 지역민과의 교류와 지속적인 관계 형성에 한계가 있음
통학 모델	• 도심지 과밀 지역 학령인구 분산 • 과소 지역 작은 학교 유지에 기여 • 폐교를 비롯한 교육환경 변화 최소화 • 도심지 학생들의 학교와 교육 선택권 확대 • 이주, 유학 모델 대비 비용 부담 최소화	• 도심지 학생의 통학 피로도 문제 발생 • 학생 통학 지원 부담(통학버스, 안전 관리 등) • 학생 모집과 학교 유지 가능성 불투명 • 지역민과의 교류와 관계 형성에 기여 못 함 • 마을의 유지와 활력 증진, 지역 경제에 기여 못 함

위 세 가지 모델은 작은 학교와 마을의 지속 가능성에 각기 다른 영향을 미친다. 이주 모델은 학교와 마을에 좋은 해법이 될 수 있다. 이주 가정이 정착하려면 주거, 일자리, 특성화 교육이 전제되어야 한다. 그만큼 초기 부담이 큰 방식이다. 이주 가정의 정착 지원을 위해서는 학교, 교육청, 지자체, 지역사회의 적극적인 협력이 필요하다. 교통, 의료, 보육, 문화, 여가, 복지, 정보 통신 등의 생활 인프라도 정주 여부를 결정하는 중요한 변수다. 선주민과 이주민의 관계 형성과 통합을 위한 노력도 중요하다. 일자리 부족과 소득 불안정, 생활 인프라 부족, 관계 맺기의 어려움, 교육여건의 한계 등으로 인해 정착을 포기하고 되돌아가는 사례도 나타난다.

유학 모델은 주거 공간과 체류비 등을 지원하는 방식이다. 지역과 학교의 여건에 맞게 교육과정을 특성화하여 도시 학생들을 유치하는 모델이다. 학생 수 유지와 학교 활성화에는 도움이 될 수 있다. 유년기에는 자연과 접속하며 사고와 감각을 키우는 것이 중요한 만큼 시골의 자원과 역량을 활용하여 도시에서 경험하기 힘든 특별한 교육을 제공할 수 있다. 도시 학생과 학부모의 교육 만족도 증진도 기대할 수 있다. 그러나 마을의 유지와 활성화에는 한계가 따른다. 단기 체류로 인해 지역민과의 교류와 관계 형성이 제한적이기 때문이다. 유학 기간이 종료되면 다시 도시로 돌아가기 때문에 학교와 마을의 지속 가능성에 미치는 영향은 제한적이다.

 통학 모델은 도심지 과밀 지역의 학령인구를 근거리 과소 지역의 작은 학교로 분산하는 방식이다. 기존 학생들에게는 폐교로 인한 전학과 교육환경의 변화를 최소화할 수 있다는 장점이 있다. 도시 학생과 학부모 입장에서는 학교를 선택할 수 있다는 점도 강점이다. 이주 모델과 유학 모델 대비 비용 부담이 적다는 장점도 있다. 반면 도시 학생들을 위한 통학 지원 시스템이 필요하며, 통학버스 지원과 안전 관리 등 학교 운영에 추가 부담이 발생한다. 도시 학생들에게는 통학 피로감이 생길 수도 있다. 이 모델은 학교와 마을이 별개라는 점에서 한계가 뚜렷하다. 즉 학교는 살릴 수 있지만, 마을 살리기에는 그리 도움이 되지 못한다는 것이다.

 위 세 가지 외에도 몇 가지 모델을 추가할 수 있다. 스마트 빌리지는 농업, 에너지, 교통, 행정 등 여러 분야에 ICT 기술을 활용하여 정주 여건을 개선하고, 지속 가능한 발전을 도모하는 방식이다. 앞서 언급한 가미야마 마을이 이에 해당한다. 물론 가미야마는 ICT 인프라, 예술과 창조성, 기업의 근무 환경 등을 종합적으로 고려했다는 점에서 일반적인 스마트 빌리지와는 차이가 있다. 근거리 학교들이 연합하여 교육과정을 공동으로 운영하는 교육과정 클러스터 모델도 경쟁력이 있다. 공교육을 벗어나 대안학교 모델을 생각해 볼 수도 있다. 학생들과 주민들이 학교와 마을을 오가며 배우고 쉴 수 있는 학습마을(learning village)도 구상해 볼 수 있다.

각 모델은 장단점이 각기 다르다. 지역의 특성과 여건에 맞는 최적의 모델을 선택하거나 변형하여 효과적인 방식을 설계할 수도 있다. 한 가지 방식을 적용하기보다는 두세 가지 모델을 병합하여 적용하는 것이 효과적일 수도 있다. 적용 방식에 따라서는 부담이 크게 가중될 수도 있다. 그런 점에서는 지역의 상황과 역량에 맞게 추진할 필요가 있다고 본다. 지역의 특성, 학교의 여건, 재정 상황, 학교 구성원과 지역 주민의 요구 등을 충분히 고려해야 한다. 장기적인 관점에서 지속 가능한 모델을 설계하고, 실행 방안을 구체화해야 한다. 학교, 교육청, 지자체, 지역사회의 관계자들이 함께 논의하고, 관심과 노력을 지속적으로 이어가는 것이 중요하다.

가령 도시와 거리가 있는 농산어촌 지역은 이주 모델이 적합하다. 유학 모델도 단기 효과를 기대할 수 있다. 도농 복합 지역은 이주 모델이나 유학 모델의 실현 가능성을 기대하기 어렵다. 도심지에서 근거리 통학이 가능하기 때문이다. 충남 아산시 거산초에는 이주한 사례도 있으나 도심지 학생들이 통학하는 사례가 많다. 이처럼 도심지 근거리 지역은 통학 모델로 접근하는 것이 유리하다. 최근에는 거주지 이전 없이도 전학할 수 있도록 학구와 학군 제도를 유연하게 운영하고 있다. 통학 모델 실행을 위해서는 학구와 학군을 조정하고 통학 지원 시스템을 마련해야 한다. 통학 지원은 교육청과 기초지자체가 대승적으로 협력하면 충분히 가능하다.

마무리하자면, 농산어촌의 쇠퇴는 시골만의 문제가 아니다. 시골의 쇠퇴로 식량 생산이 감소하면 공급, 가격, 식량 안보가 불안정해진다. 인구의 도시 집중은 주택, 교통, 실업, 빈곤, 범죄 등 다양한 사회 문제를 야기한다. 도시가 여러 가지 부담을 떠안게 된다는 것이다. 이뿐인가. 농산어촌의 쇠퇴는 도시의 지속 가능한 발전을 가로막는 심각한 위협 요인이 될 수 있다. 작은 학교와 마을 살리기는 시도해 보지도 않고 포기할 일이 아니다. 작은 학교 살리기는 지역 소멸 위기에 대한 '대응의 연쇄'를 만들어 가는 기점 혹은 끌개(attractor)가 될 수 있다. 학교와 마을을 살리려면 자구의 노력이 필요하다. 민·관·산·학이 적극적으로 힘과 지혜를 모아야 한다.

에필로그

인디언처럼, 앨리스처럼

부끄럽지 않게 나이 들어갈 수 있을까. 퇴직할 때까지 공무원답게 일할 수 있을까. 반복해서 돌아오는 물음이다. '나'에게 그렇게 살아가겠다고 선언했다. 부끄럽지 않은 사람처럼, 공무원답게 일하는 사람처럼 살겠다고. 그게 자기 최면(auto hypnosis) 혹은 가면일지라도 그와 다른 '나'를 감추고 '가면'으로 살아도 괜찮겠다 싶었다. 그렇게 행동하면 '나'가 그렇게 바뀔 수도 있으니까. 이 같은 작은 질문에도 삶으로 답하기란 쉽지 않다. 그렇게 묻는 '나'를 외면하고 달아나려는 '나'를 다스리기가 쉽지 않다.

문득 스피노자의 말이 떠오른다. "모든 고귀한 것은 힘들 뿐만 아니라 드물다"고. 『에티카』의 마지막 구절이나. 글에 담지는 못했으나 그런 분들을 만났다. 당진 고대면 전종훈 대표님이 그렇다. 지금은 정미면 주민자치회에서 일하신다. '당진마을교육포럼'과 '충남마을교육공동체포럼'도 이끌고 계신다. 아산공수초 신영숙 선생님은 퇴직하실 때까지 수업으로 춤추신 분이다. 신영숙 선생님은 2024년 2월에 정년퇴직하셨다. 아산마을교육네트워크 유재홍 공동 대표님도 마을교육에 열정이 충만한 분이다.

가끔 생각나는 분들이 있다. 천안 성신초 김진옥 선생님이 그렇다. 학생들과 함께 학교와 마을을 넘나들고, 주변을 잘 살피는 분이다. 예산 신암중 김기곤 선생님은 재능이 많고, 동료들을 잘 챙기는 분이다. 류시욱 전문경력관은 충무교육원에서 청소년들을 교육한다. 새로운 일에 거침없이 도전하는 분이다. 학생들, 동료들과 함께 춤추는 분들이다. 익숙한 관행과 낡은 습속을 넘어 길을 만들어 가는 이들이다. 배울 점이 많다. 이렇듯 다른 삶을 보여주는 이들이라는 점에서는 더없이 멀리 있는 이웃들이다.

좋은 감응을 주는 분들이다. 이분들 덕분에 '나'를 들여다볼 수 있었다. 함께하면서 불안과 두려움도 어렵지 않게 넘어설 수 있었다. 이분들이라고 피로와 스트레스가 없을까. 주변에 전염되지 않도록 단속하는 것이다. 긴장과 피로마저 긍정하는 분들이라고 말하는 것이 실제에 가까울지도 모르겠다. 일과 활동의 강도만큼 어려움도 많을 것이다. 《밤의 카페 테라스》 앞쪽에 보이는 빈자리는 이들을 위한 자리일 것이다.

빈센트 반 고흐, 〈밤의 카페 테라스〉, 1888

가끔 쉬어가라고. 별빛이 쏟아지는 테라스 빈자리에 앉아 잔을 기울이고 싶은 분들이다. 그냥 마음이 가는 좋은 사람들, 아무 말 하지 않아도 즐거운 시간일 것이다.

그들에 비하면 내가 하는 일은 '행정-기계'의 '의자고행(椅子苦行)'에 불과하다. 그럼에도 불편한 일들이 생긴다. 갈등으로 상처받고, 에너지를 소진한다. 피할 수 없는 일일 것이다. 고통은 관계에서 비롯하니까. 조직이든 공동체든 의사결정과 실행의 과정에서 갈등은 늘 생기는 법이다. 제각기 크기와 방향을 갖는 힘들의 다양체이기 때문이다. 저마다 지위와 역할, 이해관계, 생각과 의견, 개인의 기질이 다른 만큼 이견과 갈등은 자연스러운 현상이다. 불편한 채로 함께하거나 서운함을 견뎌야 할 때가 있다.

관계는 선물과 이득이 되기도 하지만, 불편과 스트레스로 오는 경우도 많다. '3불(不) 사회', '4불(不) 사회' 같은 표현이 보여주듯 불안, 불신, 불통, 불만으로 가득하다. 타인에게 주는 피해에 대해서는 둔감하고, 자신이 받는 피해에 대해서는 극도로 민감하다. 이 같은 사회에서 개인과 사회의 웰빙(Well-bing)을 추구하는 것은 몽상인지도 모르겠다. 그럼에도 우리는 그와 같은 심연 속에서 춤출 수밖에 없다. 그 안에 무(舞)당들이 있기 때문이다. 그들과 함께 '더 좋은 삶'과 '더 나은 사회'를 만들어 가는 것이다.

두려운가. 누구나 그렇듯 나도 두려움을 느낀다. 나이가 들수록 작은 일에도 두려움이 앞선다. 당연한 귀결로 스트레스에 시달리게 되고, 영혼을 잠식당한다. 두려움이 엄습하면 판단이 흐려지고, 사고의 회로가 마비되기도 한다. 감당할 수 없어 무기력하게 지나가길 기다릴 수밖에 없을 때도 있다. 때로는 타인에게 불만을 투사하거나 하지 말아야 할 행동을 하게 되기도 한다. 물론 때로는 피하거나 우회하는 게 상책일 수도 있다. 지혜가 없는 용기나 분별없는 객기로는 좋은 결과를 기대할 수 없으니까.

 물론 상황을 회피하거나 도피하는 게 능사는 아니다. 그런 방식으로 상황을 잠시 유예하고, 두려움으로부터 달아날 수 있을지는 모르겠다. 그러나 그런 상황은 반복해서 되돌아온다. 두려운 상황을 피하고 싶지 않은 사람이 있을까. 두려움과 불안으로부터 달아날 수 있을까. 두려움은 달아날수록 커지고, 맞서면 점점 사라진다. 그 심연으로 들어가는 용기를 회복해야 한다. 기꺼이 맞서야 두려움을 돌파할 수 있다. 두려움을 다스리려면 용기와 함께 유머도 필요하다. 무겁게 가면, 견딜 수 없기 때문이다.

인디언이 되고 싶은 마음

진짜 인디언이라면, 달리는 말에 서슴없이 올라타고, 비스듬히 공기를 가르며, 진동하는 땅 위에서 이따금씩 짧게 전율을 느낄 수 있다면, 마침내는 박차도 없는 박차를 내던질 때까지, 마침내는 고삐 없는 말고삐를 내던질 때까지, 그리하여 앞에 보이는 땅이라곤 매끈하게 다듬어진 광야뿐일 때까지, 벌써 말 목덜미도 말머리도 없이.
　　　　　　　　　　　　　　　　 - 프란츠 카프카

카프카의 짧은 산문이다. 삶도 이처럼 시적인 아름다움으로 가득할 수 있다면! '나'를 구속하는 '게토'는 내면에도 있고, 밖에도 있다. 익숙한 관념과 낡은 습속을 넘어, '게토'의 구속과 제약을 넘어 달리는 이들은 모두 인디언이 아닐까. 용기와 유머를 장전하고, 다시 한번 인디언처럼 공기를 가르며 대지를 달리는 것이다. 앨리스처럼 놀이하듯 원더랜드의 모험을 즐기는 것이다. 그럴 수 있을 때 삶의 여정은 신기한 놀이로 가득한 원더랜드로 바뀌지 않을까. 달린다는 의식도 없이, 원더랜드라는 의식도 없이!

삶의 행복을 꿈꾸는 교육은 어디에서 오는가?

● **교육혁명을 앞당기는 배움책 이야기** 혁신교육의 철학과 잉걸진 미래를 만나다!

한국교육연구네트워크 총서

01 핀란드 교육혁명　　　　　　　　　　　한국교육연구네트워크 엮음 | 320쪽 | 값 18,000원
02 일제고사를 넘어서　　　　　　　　　　한국교육연구네트워크 엮음 | 284쪽 | 값 13,000원
03 새로운 사회를 여는 교육혁명　　　　　한국교육연구네트워크 엮음 | 380쪽 | 값 17,000원
04 교장제도 혁명　　　　　　　　　　　　한국교육연구네트워크 엮음 | 268쪽 | 값 14,000원
05 새로운 사회를 여는 교육자치 혁명　　　한국교육연구네트워크 엮음 | 312쪽 | 값 15,000원
06 혁신학교에 대한 교육학적 성찰　　　　한국교육연구네트워크 엮음 | 308쪽 | 값 15,000원
07 진보주의 교육의 세계적 동향　　　　　한국교육연구네트워크 엮음 | 324쪽 | 값 17,000원
08 더 나은 세상을 위한 학교혁명　　　　　한국교육연구네트워크 엮음 | 404쪽 | 값 21,000원
09 비판적 실천을 위한 교육학　　　　　　이윤미 외 지음 | 448쪽 | 값 23,000원
10 마을교육공동체운동: 세계적 동향과 전망　심성보 외 지음 | 376쪽 | 값 18,000원
11 학교 민주시민교육의 세계적 동향과 과제　심성보 외 지음 | 308쪽 | 값 16,000원
12 학교를 민주주의의 정원으로 가꿀 수 있을까?　성열관 외 지음 | 272쪽 | 값 16,000원
13 교육사상가의 삶과 사상-서양 편 1　　　심성보 외 지음 | 420쪽 | 값 23,000원
14 교육사상가의 삶과 사상-서양 편 2　　　김누리 외 지음 | 432쪽 | 값 25,000원
15 사교육 해방 국민투표　　　　　　　　　이형빈·송경원 지음 | 260쪽 | 값 17,000원
16 유토피아 교육학　　　　　　　　　　　심성보 지음 | 464쪽 | 값 27,000원

한국교육연구네트워크 번역 총서

01 프레이리와 교육　　　　　　　　　　　존 엘리아스 지음 | 한국교육연구네트워크 옮김 | 276쪽 | 값 14,000원
02 교육은 사회를 바꿀 수 있을까?　　　　마이클 애플 지음 | 강희룡·김선우·박원순·이형빈 옮김 | 356쪽 | 값 16,000원
03 비판적 페다고지는 세상을 변화시킬 수 있는가?　Seewha Cho 지음 | 심성보·조시화 옮김 | 280쪽 | 값 14,000원
04 마이클 애플의 민주학교　　　　　　　　마이클 애플·제임스 빈 엮음 | 강희룡 옮김 | 276쪽 | 값 14,000원
05 21세기 교육과 민주주의　　　　　　　　넬 나딩스 지음 | 심성보 옮김 | 392쪽 | 값 10,000원
06 세계교육개혁 민영화 우선인가 공적 투자 강화인가?　린다 달링-해먼드 외 지음 | 심성보 외 옮김 | 408쪽 | 값 21,000원
07 콩도르세, 공교육에 관한 다섯 논문　　　니콜라 드 콩도르세 지음 | 이주환 옮김 | 300쪽 | 값 16,000원
08 학교를 변론하다　　　　　　　　　　　얀 마스켈라인·마틴 시몬스 지음 | 윤선인 옮김 | 252쪽 | 값 15,000원
09 존 듀이와 교육　　　　　　　　　　　짐 개리슨 외 지음 | 심성보 외 옮김 | 376쪽 | 값 19,000원
10 진보주의 교육운동사　　　　　　　　　윌리엄 헤이스 지음 | 심성보 외 옮김 | 324쪽 | 값 18,000원
11 사랑의 교육학　　　　　　　　　　　　안토니아 다더 지음 | 심성보 외 옮김 | 412쪽 | 값 22,000원
12 다시 읽는 민주주의와 교육　　　　　　존 듀이 지음 | 심성보 옮김 | 620쪽 | 값 32,000원

미래 100년을 향한 새로운 교육

혁신교육을 실천하는 교사들의 **필독서**

● 비고츠키 선집 시리즈 발달과 협력의 교육학 어떻게 읽을 것인가?

01 생각과 말	L.S. 비고츠키 지음	배희철·김용호·D. 켈로그 옮김	690쪽	값 33,000원
02 도구와 기호	비고츠키·루리야 지음	비고츠키 연구회 옮김	336쪽	값 16,000원
03 어린이 자기행동숙달의 역사와 발달 I	L.S. 비고츠키 지음	비고츠키 연구회 옮김	564쪽	값 28,000원
04 어린이 자기행동숙달의 역사와 발달 II	L.S. 비고츠키 지음	비고츠키 연구회 옮김	552쪽	값 28,000원
05 어린이의 상상과 창조	L.S. 비고츠키 지음	비고츠키 연구회 옮김	280쪽	값 15,000원
06 성장과 분화	L.S. 비고츠키 지음	비고츠키 연구회 옮김	308쪽	값 15,000원
07 연령과 위기	L.S. 비고츠키 지음	비고츠키 연구회 옮김	336쪽	값 17,000원
08 의식과 숙달	L.S 비고츠키	비고츠키 연구회 옮김	348쪽	값 17,000원
09 분열과 사랑	L.S. 비고츠키 지음	비고츠키 연구회 옮김	260쪽	값 16,000원
10 성애와 갈등	L.S. 비고츠키 지음	비고츠키 연구회 옮김	268쪽	값 17,000원
11 흥미와 개념	L.S. 비고츠키 지음	비고츠키 연구회 옮김	408쪽	값 21,000원
12 인격과 세계관	L.S. 비고츠키 지음	비고츠키 연구회 옮김	372쪽	값 22,000원
13 정서 학설 I	L.S. 비고츠키 지음	비고츠키 연구회 옮김	584쪽	값 35,000원
14 정서 학설 II	L.S. 비고츠키 지음	비고츠키 연구회 옮김	480쪽	값 35,000원
15 심리학 위기의 역사적 의미	L.S. 비고츠키 지음	비고츠키 연구회 옮김	560쪽	값 38,000원
비고츠키와 인지 발달의 비밀	A.R. 루리야 지음	배희철 옮김	280쪽	값 15,000원
비고츠키의 발달교육이란 무엇인가?	비고츠키교육학실천연구모임 지음	412쪽	값 21,000원
비고츠키 철학으로 본 핀란드 교육과정	배희철 지음	456쪽	값 23,000원
비고츠키와 마르크스	앤디 블런던 외 지음	이성우 옮김	388쪽	값 19,000원
수업과 수업 사이	비고츠키 연구회 지음	196쪽	값 12,000원
관계의 교육학, 비고츠키	진보교육연구소 비고츠키교육학실천연구모임 지음	300쪽	값 15,000원
교사와 부모를 위한 발달교육이란 무엇인가?	현광일 지음	380쪽	값 18,000원
비고츠키 생각과 말 쉽게 읽기	진보교육연구소 비고츠키교육학실천연구모임 지음	316쪽	값 15,000원
교사와 부모를 위한 비고츠키 교육학	카르포프 지음	실천교사번역팀 옮김	308쪽	값 15,000원
레프 비고츠키	르네 반 데 비어 지음	배희철 옮김	296쪽	값 21,000원

제목	저자/정보
혁신학교	성열관·이순철 지음 | 224쪽 | 값 12,000원
행복한 혁신학교 만들기	초등교육과정연구모임 지음 | 264쪽 | 값 13,000원
서울형 혁신학교 이야기	이부영 지음 | 320쪽 | 값 15,000원
혁신교육, 철학을 만나다	브렌트 데이비스·데니스 수마라 지음 | 현인철·서용선 옮김 | 304쪽 | 값 15,000원
대한민국 교사, 어떻게 가르칠 것인가?	윤성관 지음 | 320쪽 | 값 15,000원
아이들을 어떻게 가르칠 것인가	사토 마나부 지음 | 박찬영 옮김 | 232쪽 | 값 13,000원
모두를 위한 국제이해교육	한국국제이해교육학회 지음 | 364쪽 | 값 16,000원
경쟁을 넘어 발달 교육으로	현광일 지음 | 288쪽 | 값 14,000원
혁신교육 존 듀이에게 묻다	서용선 지음 | 292쪽 | 값 16,000원
다시 읽는 조선 교육사	이만규 지음 | 750쪽 | 값 37,000원
교실 속으로 간 이해중심 교육과정	온정덕 외 지음 | 224쪽 | 값 13,000원
대한민국 교육혁명	교육혁명공동행동 연구위원회 지음 | 224쪽 | 값 12,000원
포스트 코로나 시대의 교육	성열관 외 지음 | 224쪽 | 값 15,000원
내일 수업 어떻게 하지?	아이함께 지음 | 300쪽 | 값 15,000원
핀란드 교육의 기적	한넬레 니에미 외 엮음 | 장수명 외 옮김 | 456쪽 | 값 23,000원
한국 교육의 현실과 전망	심성보 지음 | 724쪽 | 값 35,000원
독일의 학교교육	정기섭 지음 | 536쪽 | 값 29,000원
교실 속으로 간 이해중심 통합교육과정	온정덕 외 지음 | 224쪽 | 값 15,000원
초등 백워드 교육과정 설계와 실천 이야기	김병일 외 지음 | 352쪽 | 값 19,000원
학습격차 해소를 위한 새로운 도전 보편적 학습설계 수업	조윤정 외 지음 | 240쪽 | 값 15,000원

● **경쟁과 차별을 넘어 평등과 협력으로 미래를 열어가는 교육 대전환!** 혁신교육 현장 필독서

제목	저자/정보
학교의 미래, 전문적 학습공동체로 열다	새로운학교네트워크·오윤주 외 지음 | 276쪽 | 값 16,000원
마을교육공동체 생태적 의미와 실천	김용련 지음 | 256쪽 | 값 15,000원
학교폭력, 멈춰!	문재현 외 지음 | 348쪽 | 값 15,000원
학교를 살리는 회복적 생활교육	김민자·이순영·정선영 지음 | 256쪽 | 값 15,000원
삶의 시간을 잇는 문화예술교육	고영직 지음 | 292쪽 | 값 16,000원
미래교육을 디자인하는 학교교육과정	박승열 외 지음 | 348쪽 | 값 18,000원
코로나 시대, 마을교육공동체운동과 생태적 교육학	심성보 지음 | 280쪽 | 값 17,000원

제목	저자	쪽수	값
혐오, 교실에 들어오다	이혜정 외 지음	232쪽	값 15,000원
수업, 슬로리딩과 함께	박경숙 외 지음	268쪽	값 15,000원
물질과의 새로운 만남	베로니카 파치니-케처바우 외 지음	이연선 외 옮김	240쪽	값 15,000원
그림책으로 만나는 인권교육	강진미 외 지음	272쪽	값 18,000원
수업 고수들 수업·교육과정·평가를 말하다	박현숙 외 지음	368쪽	값 17,000원
아이들의 배움은 어떻게 깊어지는가	이시이 쥰지 지음	방지현·이창희 옮김	200쪽 값 11,000원
미래, 공생교육	김환희 지음	244쪽	값 15,000원
들뢰즈와 가타리를 통해 유아교육 읽기	리세롯 마리엣 올슨 지음	이연선 외 옮김	328쪽	값 17,000원
혁신고등학교, 무엇이 다른가?	김현자 외 지음	344쪽	값 18,000원
시민이 만드는 교육 대전환	심성보·김태정 지음	248쪽	값 15,000원
평화교육 과거, 현재 그리고 미래를 그리다	모니샤 바자즈 외 지음	권순정 외 옮김	268쪽	값 18,000원
마을교육공동체란 무엇인가?	서용선 외 지음	360쪽	값 17,000원
강화도의 기억을 걷다	최보길 지음	276쪽	값 14,000원
체육 교사, 수업을 말하다	전용진 지음	304쪽	값 15,000원
평화의 교육과정 섬김의 리더십	이준원·이형빈 지음	292쪽	값 16,000원
마을로 걸어간 교사들, 마을교육과정을 그리다	백윤애 외 지음	336쪽	값 16,000원
혁신교육지구와 마을교육공동체는 어떻게 만들어지는가?	김태정 지음	376쪽	값 18,000원
서울대 10개 만들기	김종영 지음	348쪽	값 18,000원
선생님, 통일이 뭐예요?	정경호 지음	252쪽	값 13,000원
함께 배움 학생 주도 배움 중심 수업 이렇게 한다	니시카와 준 지음	백경석 옮김	280쪽	값 15,000원
다정한 교실에서 20,000시간	강정희 지음	296쪽	값 16,000원
즐거운 세계사 수업	김은석 지음	328쪽	값 13,000원
학교를 개선하는 교장 지속가능한 학교 혁신을 위한 실천 전략	마이클 풀란 지음	서동연·정효준 옮김	216쪽	값 13,000원
선생님, 민주시민교육이 뭐예요?	염경미 지음	244쪽	값 15,000원
교육혁신의 시대 배움의 공간을 상상하다	함영기 외 지음	264쪽	값 17,000원
도덕 수업, 책으로 묻고 윤리로 답하다	울산도덕교사모임 지음	320쪽	값 15,000원
교육과 민주주의	필라르 오카디즈 외 지음	유성상 옮김	420쪽	값 25,000원
교육회복과 적극적 시민교육	강순원 지음	228쪽	값 15,000원
비판적 미디어 리터러시 가이드	더글러스 켈너·제프 셰어 지음	여은호·원숙경 옮김	252쪽	값 18,000원
지속가능한 마을, 교육, 공동체를 위하여	강영택 지음	328쪽	값 18,000원

제목	저자/정보
대전환 시대 변혁의 교육학	진보교육연구소 교육과정연구모임 지음	400쪽	값 23,000원
교육의 미래와 학교혁신	마크 터커 지음	전국교원양성대학교 총장협의회 옮김	336쪽	값 18,000원
남도 임진의병의 기억을 걷다	김남철 지음	288쪽	값 18,000원
프레이리에게 변혁의 길을 묻다	심성보 지음	672쪽	값 33,000원
다시, 혁신학교!	성기신 외 지음	300쪽	값 18,000원
백워드로 설계하고 피드백으로 완성하는 성장중심평가	이형빈·김성수 지음	356쪽	값 19,000원
우리 교육, 거장에게 묻다	표혜빈 외 지음	272쪽	값 17,000원
교사에게 강요된 침묵	설진성 지음	296쪽	값 18,000원
왜 체 게바라인가	송필경 지음	320쪽	값 19,000원
풀무의 삶과 배움	김현자 지음	352쪽	값 20,000원
비고츠키 아동학과 글쓰기 교육	한희정 지음	300쪽	값 18,000원
교사에게 강요된 침묵	설진성 지음	296쪽	값 18,000원
마을, 그 깊은 이야기 샘	문재현 외 지음	404쪽	값 23,000원
비난받는 교사	다이애나 폴레비치 지음	유성상 외 옮김	404쪽	값 23,000원
한국교육운동의 역사와 전망	하성환 지음	308쪽	값 18,000원
철학이 있는 교실살이	이성우 지음	272쪽	값 17,000원
왜 지속가능한 디지털 공동체인가	현광일 지음	280쪽	값 17,000원
선생님, 우리 영화로 세계시민 만나요!	변지윤 외 지음	328쪽	값 19,000원
아이를 함께 키울 온 마을은 어떻게 만들어야 할까?	차상진 지음	288쪽	값 17,000원
선생님, 제주 4·3이 뭐예요?	한강범 지음	308쪽	값 18,000원
마을배움길 학교 이야기	김명신, 김미자, 서영자, 윤재화, 이명순 지음	300쪽	값 18,000원
다시, 남도의 기억을 걷다	노성태 지음	332쪽	값 19,000원
세계의 혁신 대학을 찾아서	안문석 지음	284쪽	값 17,000원
소박한 자율의 사상가, 이반 일리치	박홍규 지음	328쪽	값 19,000원
선생님, 평가 어떻게 하세요?	성열관 외 지음	220쪽	값 15,000원
남도 한말의병의 기억을 걷다	김남철 지음	316쪽	값 19,000원
생태전환교육, 학교에서 어떻게 할까?	심지영 지음	236쪽	값 15,000원
북유럽의 교사와 교직	예스터 에크하트 라르센 외 엮음	유성상·김민조 옮김	412쪽	값 24,000원
산마을 너머 지금 뭐해?	최보길 외 지음	260쪽	값 17,000원
전문적 학습네트워크	크리스 브라운·신디 푸트먼 엮음	성기선·문은경 옮김	424쪽	값 24,000원

제목	저자/역자 정보
교육사상가의 삶과 사상 2	김누리 외 지음	유성상 엮음	432쪽	값 25,000원
선생님이 왜 노조 해요?	윤미숙 외 지음	교사노동조합연맹 기획	328쪽	값 18,000원
교실을 광장으로 만들기	윤철기 외 지음	212쪽	값 17,000원
초등 개념기반 탐구학습 설계와 실천 이야기	김병일 지음	380쪽	값 27,000원
다시 읽는 민주주의와 교육	존 듀이 지음	심성보 옮김	620쪽	값 32,000원
자율성과 전문성을 지닌 교사되기	린다 달링 해몬드, 디온 번즈 지음	전국교원양성대학교총장협의회 옮김	412쪽	값 25,000원
선생님, 완벽하지 않아도 괜찮아요	유승재 지음	264쪽	값 17,000원
지속가능한 리더십	앤디 하그리브스, 딘 핑크 지음	정바울, 양성관, 이경호, 김재희 옮김	352쪽	값 21,000원
남도 명량의 기억을 걷다	이돈삼 지음	280쪽	값 17,000원
교사가 아프다	송원재 지음	300쪽	값 18,000원
존 듀이의 생명과 경험의 문화적 전환	현광일 지음	272쪽	값 17,000원
왜 읽고 쓰고 걸어야 하는가?	김태정 지음	300쪽	값 18,000원
미래 교직 디자인	캐럴 G. 베이즐 외 지음	정바울 외 옮김	192쪽	값 17,000원
타일러 교육과정과 수업 설계의 기본 원리	랄프 타일러 지음	이형빈 옮김	176쪽	값 15,000원
시로 읽는 교육의 풍경	강영택 지음	212쪽	값 17,000원
부산 교육의 미래 2026	이상철 외 지음	384쪽	값 22,000원
11권의 그림책으로 만나는 평화통일 수업	경기평화교육센터·곽인숙 외 지음	304쪽	값 19,000원
명량 10대 명량 챌린지	강정희 지음	320쪽	값 18,000원
교장이 바뀌면 학교가 바뀐다	홍제남 지음	260쪽	값 16,000원
교육정치학의 이론과 실천	김용일 지음	308쪽	값 18,000원
교사, 깊이 있는 학습을 말하다	황철형 외 5인 지음	210쪽	값 15,000원
더 나은 사고를 위한 교육	앤 마가렛 샤프·로렌스 스플리터 지음	김혜숙·박상욱 옮김	432쪽	값 25,000원
세계의 대안교육	넬 나딩스·헬렌 리즈 지음	심성보 외 11인 옮김	652쪽	값 38,000원
더 좋은 교육과정 더 나은 수업	이형빈 지음	290쪽	값 18,000원
한나 아렌트와 교육	모르데하이 고든 지음	조나영 옮김	376쪽	값 23,000원
공동체의 힘, 작은학교 만들기	미셀 앤더슨 외 지음	권순형 외 옮김	262쪽	값 18,000원
어떻게 어린이를 사랑해야 하는가-개정판	야누시 코르착 지음	송순재, 안미현 옮김	396쪽	값 23,000원
토대역량과 사회정의	알렌산더 M 지음	유성상, 이인영 옮김	324쪽	값 22,000원
나는 어떤 특수 교사인가-개정판	김동인 지음	268쪽	값 17,000원
북한교육과 평화통일교육	이병호 지음	336쪽	값 22,000원

능력주의 시대, 교육과 공정을 사유하다	한국교육사상학회 지음	280쪽	값 19,000원
교사와 학부모, 어디로 가는가?	한만중, 김용, 양희준, 장귀덕 지음	252쪽	값 17,000원
프레네, 일하는 인간의 본성과 교육	셀레스탱 프레네 지음	송순재 엮음	김병호, 김세희, 정훈, 황성원 옮김	564쪽	값 33,000원
지속가능한 마을교육공동체 운동	양병찬, 한혜정 지음	268쪽	값 18,000원
평생학습으로 두 나라를 잇다	고바야시 분진 지음	양병찬, 이정연 편역	220쪽	값 15,000원
초등 1학년 교실, 궁금하세요?	이경숙 지음	324쪽	값 19,000원
정의로운 한국사	김은석 지음	272쪽	값 17,000원
세계의 교사 교육	린다 달링 -해먼드, 앤 리버맨 편저	전국교원양성대학교총장협의회 번역	320쪽	값 21,000원
남도 항일독립운동가의 기억을 걷다	김남철 지음	292쪽	값 19,000원
'좋아요'와 '싫어요'를 넘어: 우리를 위한 미디어 리터러시	여은호, 원숙경 지음	268쪽	값 18,000원
독일 정치교육	볼프강 잔더, 케르스틴 폴 지음	504쪽	값 32,000원
에듀테크, 교육에 좋은가?	닐 셀윈 지음	유성상, 배정현, 김범주 옮김	264쪽	값 18,000원

참된 삶과 교육에 관한 생각 줍기